Entwicklungsmöglichkeiten
nichtärztlicher Gesundheitsberufe

Rainer Thiele

# Entwicklungsmöglichkeiten nichtärztlicher Gesundheitsberufe

Im Kontext des demografischen Wandels
unter Beachtung ökonomischer Aspekte

**Bibliografische Information der Deutschen Nationalbibliothek**
Die Deutsche Nationalbibliothek verzeichnet diese Publikation
in der Deutschen Nationalbibliografie; detaillierte bibliografische
Daten sind im Internet über http://dnb.d-nb.de abrufbar.

Gedruckt auf alterungsbeständigem,
säurefreiem Papier.

ISBN 978-3-631-67008-8 (Print)
E-ISBN 978-3-653-06158-1 (E-Book)
DOI 10.3726/978-3-653-06158-1

© Peter Lang GmbH
Internationaler Verlag der Wissenschaften
Frankfurt am Main 2015
Alle Rechte vorbehalten.
PL Academic Research ist ein Imprint der Peter Lang GmbH.

Peter Lang – Frankfurt am Main · Bern · Bruxelles ·
New York · Oxford · Warszawa · Wien

Das Werk einschließlich aller seiner Teile ist urheberrechtlich
geschützt. Jede Verwertung außerhalb der engen Grenzen des
Urheberrechtsgesetzes ist ohne Zustimmung des Verlages
unzulässig und strafbar. Das gilt insbesondere für
Vervielfältigungen, Übersetzungen, Mikroverfilmungen und die
Einspeicherung und Verarbeitung in elektronischen Systemen.

Diese Publikation wurde begutachtet.

www.peterlang.com

# I Zusammenfassung

Der demografische Wandel der nächsten Jahrzehnte in Deutschland wird eine Herausforderung für den Gesundheits- und Pflegebereich sein. Dieser Herausforderung, die sich bereits in einem erhöhten Patientenaufkommen bemerkbar macht, wird man mit neuen Strukturen begegnen müssen. Die Quantität des Arbeitsumfanges wird sich insgesamt stark erhöhen und die Qualität soll gehalten, wenn möglich verbessert werden. Die Fallzahlen der chronischen Erkrankungen und der Multimorbidität werden zunehmen. Erkrankungen des Herz-Kreislaufsystems, des Muskel- und Skelettapparates sowie psychische Erkrankungen werden bei der Versorgung älterer Menschen dominieren. Welche Funktion die nichtärztlichen Gesundheitsberufe angesichts dieser Entwicklung einnehmen können, soll in dieser Arbeit dargestellt werden. Dabei wird die Notwendigkeit zur Weiterentwicklung nichtärztlicher Berufsgruppen deutlich werden. Anhand einer Analyse der Ist-Situation und der Prognose des zukünftigen Bedarfs wird der effektive Einsatz dieser Berufsgruppen in der Gesundheits- und Pflegeversorgung der Zukunft herausgearbeitet. Es wird gezeigt, welche alternativen Versorgungsmodelle es bereits gibt und welche davon ausbaufähig sind. Damit einhergehend werden ökonomische Aspekte des Einsatzes nichtärztlicher Gesundheitsberufe betrachtet. In diesem Zusammenhang werden verschiedene Thesen zum Fachkräftemangel, zur Steigerung der Qualität sowie neue Versorgungskonzepte, wie das Medizinische Versorgungszentrum, vorgestellt.

Es wird gezeigt, dass die Herausforderungen nur durch geeignete Lösungen bei der Versorgung von Kranken und Pflegebedürftigen bewältigt werden können, vor allem durch Prävention und Annäherung an eine „Gesundheitsmedizin".

Entscheidende Faktoren dieser Lösungsansätze werden die Entwicklung neuer Gesundheitsberufe und eine andere Rollenverteilung zwischen den medizinischen und den pflegerischen Gesundheitsberufen sein. Die Delegation von Aufgaben und Verantwortung an die Pflege, sektorenübergreifendes Arbeiten, die stärkere Verzahnung von ambulanter und stationärer Behandlung, die Akademisierung und Neuordnung der pflegerischen Gesundheitsberufe sind Mittel, um den Herausforderungen der nächsten Jahrzehnte gerecht werden zu können.

# Abstract

Demographic change will be a challenge for the health and nursing care sector in Germany for the next decades. You have to meet this challenge that makes itself felt by an increasing number of patients with new structures. The quantity of the extent of work is going to increase a lot and quality is to be retained or, if possible, improved. The numbers of cases of chronic diseases and multi-morbidity will rise. Diseases of the cardiovascular system, the musculosceletal system as well as psychic diseases will be dominant when considering elder persons. The function that can be assumed by non-medical health professions shall be shown in this paper. Here, it is going to become obvious that non-medical professions must develop. By analysing the actual state and forecasting the prospective need, the future effective employment of these professional groups in health and nursing care are worked out. I am going to show existing alternative care models and which of them can be developed. As a consequence thereof, economic aspects of the employment of non-health medical professions are going to be considered. In this context, different theses about skilled worker shortage, quality enhancement, and new care concepts for instance ambulatory healthcare centres are going to be discussed.

I am going to show that it is only possible to meet these challenges by means of appropriate solutions in care for patients and care recipients as well as especially by prevention, steering towards „health medicine". Crucial factors of these problem-solving approaches are the development of new health professions and a different role allocation between health and nursing health professions. Delegating tasks and responsibility to nursing, cross-sectoral work, stronger interleaving of in- and outpatient treatment, academization and rearrangement of nursing health professions are means of coping with the challenges of the next decades.

# Inhalt

I  Zusammenfassung ..................................... 5
II  Abbildungsverzeichnis ............................... 11
III  Tabellenverzeichnis ................................ 11
IV  Abkürzungsverzeichnis ............................... 13

1. Einleitung ........................................... 15
   1.1 Relevanz des Themas .............................. 15
   1.2 Ziele der Arbeit ................................. 16
   1.3 Aufbau der Arbeit ................................ 20
   1.4 Begriffsklärungen ................................ 21

2. Demografischer Wandel und Pflegebedürftigkeit ....... 23
   2.1 Demografische Entwicklung nach dem
       Zweiten Weltkrieg ................................ 23
       2.1.1 Multimorbidität als Schwer-
             punktdiagnose der alternden Bevölkerung .... 25
       2.1.2 Häufigste Erkrankungen und
             Krankenhausaufenthalte im Alter ............ 26
   2.2 Langfristige Ziele und Maßnahmen zur Ent-
       wicklung des Gesundheits- und Pflegebereichs ..... 28
       2.2.1 Prognose der Pflegebedürftigkeit ........... 29
       2.2.2 Prognose der Krankenhausbehandlungen ....... 31
       2.2.3 Öffentliche Planungen zur Gesundheit
             und Pflege ................................. 34

3. Entwicklung der nichtärztlichen
   Gesundheitsberufe .................................... 41
   3.1 Strukturen und Aufgaben nichtärztlicher
       Gesundheitsberufe ................................ 41
       3.1.1 Aktuelle Struktur der nichtärztlichen
             Gesundheitsberufe .......................... 42

   3.1.2 Aktuelle Tätigkeitsbereiche in der
     Versorgung älterer Menschen ........................ 47
 3.2 Fachbedarf der nichtärztlichen
   Gesundheitsberufe zur Versorgung einer
   „multimorbiden" Gesellschaft ................................ 49
   3.2.1 Zukünftige Möglichkeiten des Einsatzes
     nichtärztlicher Gesundheitsberufe im
     Therapiealltag ............................................. 51
   3.2.2 Bedeutung des Einsatzes nichtärztlicher
     Gesundheitsberufe für den Patienten ............. 55

4. Konzepte und Einsparungspotentiale einer
 nachhaltigen Versorgung .............................................. 59
 4.1 Alternative Versorgungskonzepte ........................... 59
   4.1.1 AGnES-Konzept .......................................... 60
   4.1.2 Advanced Nursing Practice ........................... 63
   4.1.3 Case Management ........................................ 68
   4.1.4 Das Medizinische Versorgungszentrum ......... 73
 4.2 Einsparungspotenzial durch effiziente
   Instrumente und Prozesse ....................................... 80
   4.2.1 Balanced Scorecard ...................................... 81
   4.2.2 Prozessmanagement ..................................... 85

5. Schlussbetrachtung .................................................... 91
 5.1 Fazit ...................................................................... 93
 5.2 Ausblick ................................................................ 94

V Literaturverzeichnis .................................................... 97
VI Anhang .................................................................... 103

## II Abbildungsverzeichnis

Abbildung 1: Charakteristika der Advanced Nursing Practice .................................................. 65
Abbildung 2: Merkmale der Advanced Nursing Practice ..... 66
Abbildung 3: Versorgungssteuerung im Sinne des Case Managements ................................... 70
Abbildung 4: Mitarbeiterperspektive der BSC .................... 83

## III Tabellenverzeichnis

Tabelle 1: Anteil der Haupterkrankungen an den Krankheitskosten ..................... 28
Tabelle 2: Anstieg der Zahl der Pflegebedürftigen von 2007 bis 2050 laut SÄdBL ............ 30
Tabelle 3: Übersicht über die Pflegebedürftigkeitsquote von 2007 bis 2030 ............................ 30
Tabelle 4: Statistik aus dem Szenario sinkender Quoten ..... 31
Tabelle 5: Statistik aus dem Status-Quo-Szenario ............... 31
Tabelle 6: Charakteristika alternativer Versorgungskonzepte und Einsatzmöglichkeiten näGb .......... 79

# IV Abkürzungsverzeichnis

| | |
|---|---|
| Abb. | Abbildung |
| Abs. | Absatz |
| AGnES | Arztentlastende, Gemeindenahe, E-Health-gestützte, Systemische Intervention |
| ANP | Advanced Nursing Practice |
| Art. / Artt. | der Artikel / die Artikel |
| BBF | Bundesministerium für Bildung und Forschung |
| BGB | Bürgerliches Gesetzbuch |
| BMI | Bundesministerium des Innern |
| BSC | Balanced Scorecard |
| ca. | circa |
| CCL | Clinical Complexity Level (klinischer Komplexitätsgrad, relevant bei der Abrechnung von DRG) |
| CM | Case Management |
| DBfK | Deutscher Berufsverband für Pflegeberufe |
| DDR | Deutsche Demokratische Republik |
| Dipl. | Diplom |
| DKG | Deutsche Krankenhaus Gesellschaft |
| Dr. | Doktor |
| DZNE | Deutsches Zentrum für neurodegenerative Erkrankungen |
| E-Health | elektronische Geräte zur medizinischen Versorgung |
| e. V. | eingetragener Verein |
| et al. | und andere |
| f., ff. | folgende, fortfolgende |
| gem. | gemäß |
| GG | Grundgesetz |
| GKV | Gesetzliche Krankenversicherung |
| GmbH | Gesellschaft mit beschränkter Haftung |

| | |
|---|---|
| GMG | GKV-Modernisierungs-Gesetz |
| HSG | Hochschule für Gesundheit |
| IHK | Industrie und Handelskammer |
| KBV | Kassenärztliche Bundesvereinigung |
| KHF | Krankenhausfälle |
| KV | Kassenärztliche Vereinigung |
| Mio. | Millionen |
| MTA | Medizinisch Technische Assistentin |
| MVZ | Medizinisches Versorgungszentrum |
| näGb | nichtärztliche Gesundheitsberufe |
| Nr. | Nummer |
| PKV | Private Krankenversicherung |
| RBS | Robert Bosch Stiftung |
| RKI | Robert Koch-Institut |
| s. | siehe |
| S. | Seite |
| SGB | Sozialgesetzbuch |
| sog. | so genannt |
| StBA | Statistisches Bundesamt |
| SÄdBL | Statistische Ämter des Bundes und der Länder |
| u. a. | unter anderem |
| USA | Vereinigten Staaten von Amerika |
| vgl. | vergleiche |
| VStG | Versorgungsstrukturgesetz |
| z. B. | zum Beispiel |

# 1. Einleitung

In der Einleitung möchte ich die Aktualität und Notwendigkeit des Themas und des sich daraus ergebenden Handlungsbedarfs erläutern. Es werden die Ziele dargelegt, die mit der Erarbeitung des Themas verfolgt werden, und die Thesen ausgeführt, welche es zu belegen gilt. Der strukturelle Aufbau der Arbeit wird vorgestellt und es werden einige Begriffserklärungen gegeben.

## 1.1 Relevanz des Themas

Der demografische Wandel umfasst die Veränderungen der Altersstruktur einer Gesellschaft, wie das Bundesministerium für Bildung und Forschung (BBF) darlegt. (2000:8) Sozialpolitische Verhältnisse, Kriege oder Naturereignisse sind Gründe für die Veränderung der Geburten- und Sterberaten. Die Differenz dieser Raten zeigt, ob eine Gesellschaft wächst oder schrumpft. Somit ist der demografische Wandel eine Betrachtung des Verhältnisses der Geburten- zur Sterberate, bezogen auf einen bestimmten Zeitraum. So führen eine abnehmende Sterblichkeit und hohe Geburtenzahlen zur Verjüngung und zum Bevölkerungswachstum der Gesellschaft, ein Rückgang der Geburten- und Sterberaten zu einem Bevölkerungsrückgang und einer Alterung in der Bevölkerung. (vgl. Bundesministerium für Bildung und Forschung 2000:8)

Vom BBF wird ausgeführt, dass altersbezogene strukturelle Veränderungen einer Gesellschaft mit Umdenkprozessen einhergehen. Diese Prozesse benötigen Zeit für Planung und Aufklärung der Bevölkerung. Weiter wird dargelegt, dass eine inhaltliche Auseinandersetzung mit sozial-politischen Problemen und deren absehbaren Folgen für die Gesellschaft stattfinden muss. Beispielsweise sei es notwendig, Vorurteile auszuräumen, wie die Annahme, dass ältere Menschen nicht so leistungsfähig wären, wie jüngere. Leistungskraft und Innovationsfähigkeit seien weniger an das biologische Alter gekoppelt als an fördernde oder hemmende Bedingungen in den Lebens-, Erwerbs- und Berufsverläufen. (vgl. Bundesministerium für Bildung und Forschung 2000:6)

Weiter wird durch das Bundesministerium festgestellt, dass es angesichts einer alternden Gesellschaft in den kommenden Jahren vor allem im Arbeitsalltag gilt, präventives und altersorientiertes Handeln zu zeigen, bevor Altersprobleme auftauchen. Der Arbeitseinsatz älterer Mitarbeiter ist ein Trend unserer Wissensgesellschaft, in der wissenschaftlich-technische Neuentwicklungen zurzeit eine Halbwertszeit von 5 bis 10 Jahren haben. Schlagworte wie „lebenslanges Lernen" illustrieren laut BBF die Voraussetzung dieses Trends. Genauso sei die Gesunderhaltung der Arbeitskraft des älteren Menschen durch gesundheitsfördernde Maßnahmen ein wichtiges Kriterium. Prävention könne Volkskrankheiten wie Muskel- und Skeletterkrankungen oder Herzkreislauferkrankungen entgegenwirken. Durch soziale Integration und Anerkennung könnten Sinnkrisen und Enttäuschungen bei älteren Menschen abgemildert werden. (vgl. Bundesministerium für Bildung und Forschung 2000:33–34)

## 1.2 Ziele der Arbeit

Die Arbeit soll die Entwicklung des demografischen Wandels und den damit verbundenen Altersstrukturwandel in den kommenden Jahrzehnten in Deutschland zeigen. In diesem Kontext sollen die Fragen erörtert werden, was dies für den Gesundheits- und Pflegebereich bedeutet und welche innovativen Veränderungen nötig sind, um den zu erwartenden Veränderungen gerecht zu werden. Im Mittelpunkt der Darstellung sollen dabei die Entwicklungsmöglichkeiten der nichtärztlichen Gesundheitsberufe stehen.

Anhand der Feststellung, in welchem Alter chronische Erkrankungen entstehen, soll abgeleitet werden, mit welchen Größenordnungen der jeweiligen Fallzahlen für die Zukunft gerechnet werden muss. Aus chronischen Erkrankungen kann sich eine Multimorbidität des Patienten sowie in der Folge auch psychische Erkrankungen entwickeln. Die Altersdemenz ist ebenfalls eine mit Erreichen eines höheren Alters nicht selten auftretende Erkrankung. Es soll anhand von Fallzahlen die Pflegebedürftigkeit sowie der Anstieg von Krankenhausbehandlungen im Gesundheitsbereich perspektivisch aufgezeigt werden. Auf dieser Grundlage soll dargestellt werden, ob unser Gesundheitssystem dieser Steigerung der Fallzahlen, bedingt durch Erkrankungen gerade in der älteren Bevölkerung, auch zukünftig gewachsen sein wird, oder welche Maßnahmen es einzuleiten gilt, um der möglichen Entwicklung einer Unterversorgung entgegenzutreten. Anhand der Haupterkrankungen Älterer wird exemplarisch gezeigt, welche strategischen Maßnahmen und Ziele bereits im Hinblick auf die mögliche Situation von der Bundesregierung für Angehörige, Betroffenen und deren Umfeld auf den Weg gebracht worden sind.

Umdenkprozesse ziehen sich durch alle politischen und wirtschaftlichen Bereiche, die Innovationen fördern und dabei helfen sollen, neue Ressourcen zu erschließen und freizusetzen. Gemessen an der jetzigen Versorgungssituation im Gesundheits und Pflegebereich, die zu erwartenden Defizite, aber auch die innovativen und neuen Konzepte betrachtend, soll analysiert werden, wie es versorgungstechnisch und ökonomisch vertretbar bleibt, den Entwicklungstendenzen der nächsten Jahrzehnte mit einem sparsamen Umgang mit den vorhandenen Ressourcen zu beggnen.

Da es sich um perspektivische Planungen handelt, können sich theoretische Modelle den realen Zahlen nur nähern. Die aktuelle Situation der gesundheitlichen Versorgung in ländlichen Gebieten oder die Verzahnung von ambulanter und stationärer Versorgung sind Schwerpunkte der darzustellenden Optimierungspotenziale. Es wird untersucht, welche Rolle die ärztliche Versorgung gerade in unterversorgten Gebieten spielt. Es wird erörtert, welche Gesundheitsberufsgruppen es derzeit gibt und wie nichtärztliche Gesundheitsberufe in die Versorgungslandschaft integriert werden können. Ebenfalls wird erörtert, wer für Zulassung, Ausbildung und Neugestaltung von Gesundheitsberufen zuständig ist und wie sich die Gesetzeslage hierzu zurzeit darstellt.

Anhand einer Analyse der Strukturen der näGb und des Bedarfs soll dargestellt werden, was verändert werden kann, um Gesundheitsberufe zu fördern, und welche Gesundheitsberufe in den nächsten Jahrzehnten dringend benötigt werden, um dem Fachkräftemangel entgegenzutreten. Gerade im Bereich der Prävention spielen Gesundheitsberufe eine zentrale Rolle. Wie gezeigt werden soll, sind wichtige Herausforderungen der kommenden Jahre, die Prävention in den Bereich der medizinischen Versorgung zu integrieren, die GKV und PKV in diese neuen Versorgungskonzepte einzubinden und körperliche Aktivitäten zu fördern, um so den Fallzahlen entgegenzuwirken und eine längere Gesunderhaltung der alternden Bevölkerung zu erreichen. Weiter soll veranschaulicht werden, dass nichtärztliche Gesundheitsberufe eine wichtige Rolle bei der Delegation und Aufgabenteilung in Zusammenarbeit mit den ärztlichen Berufen übernehmen sollen. Somit wird die Rolle des Arztes neu definiert. Es wird untersucht, welche Rahmenbedingungen geschaffen werden müssen, um die Entwicklungsmöglichkeiten dieser Gesundheitsberufe zu realisieren. Es werden neue, moderne Versorgungskonzepte mit Integrationsmöglichkeiten für näGb vorgestellt, wobei der Blick auf den Nutzen für den Patienten gerichtet wird.

Diese Versorgungskonzepte werden untersucht in Bezug auf Patientenrelevanz und Wirtschaftlichkeit. Der Einsatz der Balanced Scorecard und die Anwendung des Prozessmanagements werden in ihrer Schlüsselfunktion als Modifizierungsinstrumente für adaptive Anpassungen im Prozessablauf sowie in der Kennzahlüberwachung angewandt. Anwendung finden diese Instrumente in Gesundheitseinrichtungen, wie Krankenhäusern, Arztpraxen oder aber bei den neuen Versorgungskonzepten. Ausrichtung auf einen sparsamen Umgang mit vorhandenen Ressourcen und auf Freisetzung zusätzlicher Kapazitäten sind hierbei die Schwerpunkte.

Folgende Thesen werden aufgestellt und geprüft:

Ziel der Entwicklung nichtärztlicher Gesundheitsberufe (näGb) ist es unter anderem, eine hohe gesundheitliche Versorgungqualität der Bevölkerung zu gewährleisten. (Kapitel 3.2.1)

Durch die Entwicklung näGb und der dadurch entstehenden Delegation und Teilung von Aufgaben sowie durch den medizinisch-technischen Fortschritt wird dem Fachkräftemangel begegnet, da Arbeitskapazitäten frei werden. (Kapitel 3.2.2)

Die Nutzung der MVZ in der Versorgungslandschaft verbessert die gesundheitliche Versorgung der Bevölkerung. (Kapitel 4.1.4)

Alternative Versorgungskonzepte bieten innovative Integrationsmöglichkeiten für nichtärztliche Gesundheitsberufe. (Kapitel 4.1 ff.)

## 1.3 Aufbau der Arbeit

Kapitel 1, die Einleitung, gibt einen Überblick über die Ziele, den Aufbau und die zu belegenden Thesen in der Arbeit.

Kapitel 2, Demografischer Wandel und Pflegebedürftigkeit, beschäftigt sich mit dem Prozess des demografischen Wandels als zeitliche Erscheinung und beginnt mit der Betrachtung der Entwicklung nach dem Zweiten Weltkrieg. (Kapitel 2.1) Ausgehend vom demografischen Wandel wird ein Blick auf die Jahre 2030 bis 2050 geworfen und die zu erwartenden Ergebnisse für die Gesundheitswirtschaft. Schwerpunktdiagnosen älterer Menschen heute und zukünftig werden veranschaulicht. (Kapitel 2.1.1) Anhand der Darstellung der häufigsten Erkrankungen im Alter und der Anzahl der Krankenhausaufenthalte werden Rückschlüsse auf den Schwerpunktzuwachs von Erkrankungen gezogen, der durch den demografischen Wandel im Gesundheits- und Pflegebereich zu erwarten ist. (Kapitel 2.2.1 und 2.2.2)

Mit den konkreten Zahlen für kommende Pflegebedürftigkeit und Krankenhausbehandlungen in der nahen Zukunft, berechnet nach verschiedenen Status-Modellen, beschäftigen sich ebenfalls die Kapitel 2.2.1 und 2.2.2. Die wichtigsten strategischen Maßnahmen und Ziele der Bundesregierung zur Einleitung von geeigneten Schritten zur Bewältigung des Themenkomplexes „alternde Gesellschaft in Deutschland – erhöhte chronische Erkrankungen, Multimorbidität und Erhöhung psychischer Erkrankungen der älteren Bevölkerung in den kommenden Jahren" sind im Kapitel 2.2.3 aufgezeigt.

Kapitel 3 widmet sich der Entwicklung der näGb. Aktuelle Strukturen werden besprochen sowie die Aufgabenteilung und Delegation von ärztlichen Tätigkeiten an Gesundheitsberufe. Änderungen bei der Ausbildung, aber auch übernommene Strukturen, die nicht den modernen Anforderungen der Ausbildung entsprechen, wie beispielsweise das Heilpraktiker-Gesetz, werden beleuchtet. Die Notwendigkeit zur qualifizierten Fachbedarfserweiterung der näGb im Pflegebereich wird aus dem demografischen Wandel und der Unterbesetzung durch Fachpersonal abgeleitet.

Kapitel 4 stellt moderne alternative Versorgungskonzepte vor und prüft, inwieweit diese in Deutschland umgesetzt werden und welche Ergebnisse bei der Anwendung erzielt worden sind. Alternative Versorgungsformen finden im Rahmen der Aufgabenteilung und Delegation von ärztlichen Leistungen bereits Anwendung im Gesamtkonzept von Einsatzmöglichkeiten der näGb. In Kapitel 4.1 werden exemplarisch das Konzept AGnES, die Advanced Nursing Practice, die Case-Management-Versorgung und das Modell des Medizinischen Versorgungszentrums vorgestellt. Diese Konzepte werden in Bezug auf Aufgabengebiet, den Einsatz näGb, Effektivität und Effizienz sowie aus Patientenperspektive beschrieben. In Kapitel 4.2 werden Instrumente vorgestellt, mit denen sich der ökonomische Umgang mit den vorhandenen Ressourcen überprüfen und gegebenenfalls optimieren lässt; als ein wichtiger Beitrag zur ökonomischen Beachtung des sparsamen Einsatzes von Ressourcen.

Kapitel 5, die Schlussbetrachtung, fasst die Kernpunkte und Ergebnisse der Arbeit zusammen. Es wird ausgewertet, inwieweit die Thesen bestätigt werden konnten. Auch Probleme, die eventuell nicht ausreichend betrachtet werden konnten, werden aufgezeigt. Weiterhin wird ein Ausblick auf die Zukunft und die zu bewältigenden Aufgaben in der Gesundheitswirtschaft bis zum Jahr 2050 gegeben.

## 1.4 Begriffsklärungen

Alzheimer-Krankheit: Demenz vom Alzheimer-Typ; primär degenerative Hirnerkrankung mit progredienter Demenz (De Gruyter 2013:70)

Disease Management: Krankheitsmanagement (De Gruyter 2013:491)

Ischämie: Verminderung oder Unterbrechung der Durchblutung eines Organs, Organteils oder Gewebes, infolge mangelnder arterieller Blutzufuhr (De Gruyter 2013:1045)

Mototherapie: Verfahren zur Korrektur und Kompensation dysfunktionaler Bewegungsmuster (De Gruyter 2013:1383)

Multimorbidität: gleichzeitiges Bestehen mehrerer Krankheiten (De Gruyter 2013:1392)

Palliativmedizin: Teilgebiet der Medizin, das traditionelle medizinische Aufgaben mit neuen Erkenntnissen der Wissenschaft bei Patienten mit inkurablen, weit fortgeschrittenen und progredienten Krankheiten mit begrenzter Lebenserwartung integriert; oberste Priorität ist das Erreichen und Sicherstellen der bestmöglichen Lebensqualität der Betroffenen unter Einbeziehung des sozialen Umfeldes. (De Gruyter 2013:1578)

# 2. Demografischer Wandel und Pflegebedürftigkeit

In diesem Abschnitt der Arbeit geht es um die demografische Entwicklung Deutschlands nach dem Zweiten Weltkrieg. Begleiterscheinung des demografischen Wandels in Bezug auf eine älter werdende Bevölkerung sind bestimmte Schwerpunkterkrankungen und multimorbide Patienten, die zu erwarten sind. Eine Prognose von Fallzahlen für die nächsten Jahrzehnte in Bezug auf Pflegebedürftigkeit und Krankenhausbehandlungen wird vorgenommen. Schließlich wird erörtert, welche strategischen Ziele und Maßnahmen von der Bundesregierung auf den Weg gebracht wurden, um den Anforderungen, die sich aus dem demografischen Wandel für den Gesundheits- und Pflegebereich ergeben, Genüge zu tun.

## 2.1 Demografische Entwicklung nach dem Zweiten Weltkrieg

Es kam, wie Schumpelick und Vogel feststellen, bis zum Ende des Zweiten Weltkrieges immer wieder zu erheblichen Schwankungen der Bevölkerungszahl. Ursachen waren Kriege, Unruhen, Naturkatastrophen, aber auch Krankheiten und Epidemien mit Todesfolge. In anderen Zeitabschnitten schnellte die Geburtenrate in die Höhe. So stieg beispielsweise die Bevölkerungszahl zwischen 1800 und 1900 um das Eineinhalbfache. (vgl. Schumpelick & Vogel 2005:162)

Dinkel und Meinl geben an, dass die erste Volkszählung nach dem Zweiten Weltkrieg im Oktober 1946 ein Ergebnis von 63 bis 65 Mio. Menschen (West- und Ostgebiet) ergab, inklusive zehn Mio. Flüchtlinge und Vertriebene. Weiter weisen die Autoren auf die wachsende Bevölkerungsentwicklung in der Bundesrepublik hin, der ein Bevölkerungsrückgang in der DDR entgegenstand. Bei Steigerung der Einwohnerzahlen von 45 Millionen (nur Westen) im Jahr 1946 auf 63 Mio. im Jahr 1990 in der Bundesrepublik, sanken die Einwohnerzahlen in der DDR von 18 Mio. im Jahr 1946 auf 16 Mio. im Jahr 1990. Diese Entwicklung setzte sich nach 1990 fort. Bevölkerungszahlen der alten Bundesländer stiegen im Jahr 2000 auf 67 Mio. und die der neuen Bundesländer fielen auf 15 Mio. Dinkel und Meinl führen aus, dass die alten Bundesländer immer Einwanderungsländer, die neuen Abwanderungsländer waren. (Dinkel & Meinl 1991:115–135)

Nach Feststellung durch das Statistische Bundesamt sind die abnehmenden Bevölkerungszahlen in Deutschland durch die gleichbleibenden jährlichen Sterberaten und die geringeren Geburtenraten begründet. Seit dreißig Jahren besteht eine niedrige Geburtenhäufigkeit, die bei 1,4 Kindern pro Frau liegt. Weiter wird festgestellt, dass die Bevölkerungsbilanz bis 2060 weiter negativ bleiben wird. 2060 werden 55.3000 mehr Menschen gestorben sein, als Kinder geboren wurden. (Statistisches Bundesamt 2009:12–13)

Die Zahlen des StBA belegen, dass die derzeitige Bevölkerung Deutschlands aus 19 % Kindern und jungen Menschen unter 20 Jahren besteht, 61 % der Bevölkerung sind zwischen 20 und 65 Jahre, und 20 % der Bevölkerung sind 65-jährig und älter. Im Jahr 2060 werden 34 % der Bevölkerung älter als 65 Jahre sein und doppelt so viel 70-Jährige leben, wie Kinder geboren werden. Im Jahr 2008 lebten 4 Mio. Menschen über 80 Jahre in Deutschland, das entsprach einem Anteil von 5 % der Gesamtbevölkerung. Bis zum Jahr 2050 steigt die Bevölkerungszahl auf 10 Mio. Menschen, somit wäre dann jeder siebte Bürger 80 Jahre oder älter. Weiter wird für das Jahr 2045 ein mittleres Alter der Bevölkerung von 52 Jahren prognostiziert. Heute liegt es bei 42 Jahren. Diese Zahlen haben Gültigkeit, so das StBA, wenn jährlich 200.000 Personen zuwandern. Fällt die Zuwanderung nur halb so hoch aus, sind 2060 nur noch 33 Mio. Menschen im erwerbsfähigen Alter. (Statistisches Bundesamt 2009:14–17)

## 2.1.1 Multimorbidität als Schwerpunktdiagnose der alternden Bevölkerung

Wie das Robert Koch-Institut festgestellt hat, führen Veränderungen an den Organsystemen sowie lange Latenzzeiten mancher Krankheiten erst im hohen Alter zu bestimmten Erkrankungen. Jahrzehntelange gesundheitsschädigende Einflüsse wie Lärm, Gifte, Nikotin- und Alkoholmissbrauch sowie die altersphysiologischen Veränderungen des Organismus führen zu diesen Erkrankungen. Ein ungünstiges Ernährungsverhalten sowie mangelnde körperliche Aktivität fördern ebenso diese Erkrankungen. Weiter wird ein schwaches Immunsystem, welches bei älteren Menschen häufig anzutreffen ist, als erkrankungsfördernd angesehen. Es kann sich aus einfachen Organinsuffizienzen eine Multimorbidität entwickeln, die auch ursächlich für psychische Erkrankungen, u. a. eine Alzheimer-Demenz, sein kann. (vgl. Robert Koch-Institut 2009:11–13)

Das RKI hat weiter festgestellt, dass die zur Aufrechterhaltung der funktionellen Gesundheit nötigen Aktivitäten wie Essen, Körperpflege, Anziehen, Einkaufen, Zubereitung von Mahlzeiten, aber auch Wohnungsreinigung mit fortschreitender Erkrankung nicht mehr ausgeführt werden können. Bei diesen Funktionseinschränkungen handelt es sich nicht um diagnostizierbare Krankheiten oder Krankheitsprozesse, sondern um Behinderungen und Behinderungsprozesse. Das RKI spricht in diesem Zusammenhang von einem Paradigmawechsel in der Medizin, insofern das biomedizinische Krankheitsbild in ein biopsychosoziales Krankheitsbild verändert wird. (vgl. Robert Koch-Institut 2009:13)

Durch die Funktionseinschränkungen kommt es lt. RKI zur Einschränkung der Lebensqualität. Behandlungsmaßnahmen durch Medikamentengabe seien in diesen Fällen schwierig, da die Wechselwirkungen mit der bestehenden Medikation der chronischen Erkrankungen meist eine Gesamtverschlechterung des Gesundheitszustandes zur Folge haben. Das RKI misst daher modernen Pflegekonzepten, die auf Prävention und Aktivierung des Körpers ausgerichtet sind, eine hohe Bedeutung zu, indem diese zur Aufrechterhaltung und Steigerung der funktionalen Gesundheit alter Menschen beitragen können. Renten-, Kranken- und Pflegeversicherung komme bei der Förderung dieser Maßnahmen eine entscheidende Rolle zu. (vgl. Robert Koch-Institut 2009:18)

## 2.1.2 Häufigste Erkrankungen und Krankenhausaufenthalte im Alter

Laut StBA sind 71 % der 60-jährigen und älteren Männer und 58 % der Frauen dieser Altersgruppe übergewichtig. Übergewicht ist, verbunden mit anderen Risikofaktoren, die Ursache für Herzinsuffizienzen, Hirninfarkte, Vorhofflattern und Vorhofflimmern, im Jahr 2010 die häufigsten Diagnosen bei Krankenhausaufenthalten. Weiter wird festgestellt, dass Krankenhausaufenthalte bei 65-jährigen und älteren Menschen im Schnitt neun Tage betragen. Damit dauert der durchschnittliche Krankenhausaufenthalt dieser Altersgruppe 2,4 Tage länger als der von unter 65-jährigen Patienten. Ältere benötigen häufiger stationäre Behandlungen als jüngere Patienten. Insgesamt ist die Behandlungsquote der 65-Jährigen und Älteren gegenüber 1999 um ca. 5 % gestiegen. (vgl. Statistisches Bundesamt 2012:2)

Den häufigsten Behandlungsanlass gaben, laut StBA, Angina pectoris und chronische ischämische Herzkrankheiten. 3,6 Mio. Männer und 4,3 Mio. Frauen wurden aufgrund von

Herzinsuffizienzen, Frakturen des Femurs (Oberschenkelhalsbruch) und Hirninfarkten in Krankenhäuser eingeliefert. Chronische ischämische Herzkrankheit, akuter Myokardinfarkt, Herzinsuffizienz und bösartige Neubildungen sind die häufigsten Todesursachen in Deutschland. Jeder vierte Todesfall war auf die ersten drei genannten Todesursachen zurückzuführen. (vgl. Statistisches Bundesamt 2012:1–3)

Das RKI kommt in Zusammenarbeit mit dem StBA zu folgendem Ergebnis. Die häufigste und folgenreichste psychiatrische Erkrankung im höheren Alter ist die Alzheimer-Demenz, von der eine Mio. Menschen im Alter von 65-Jahren und älter betroffen sind und an der 200.000 Menschen im Jahr neu erkranken. Alzheimer-Demenz ist eine Erkrankung, die mit zunehmendem Alter Prävalenzsteigerung zu verzeichnen hat. Es wird beschrieben, dass sich die Erkrankung von 2 % bei den 65- bis 69-Jährigen auf über 30 % bei den 90-Jährigen ausbreitet. Das Erkrankungsrisiko ist bei Frauen höher, da sie eine höhere Lebenserwartung haben. Im Vergleich zu Männern erkranken zwei Drittel der Frauen an dieser Krankheit. Es leidet die Hälfte der Pflegebedürftigen in Privathaushalten, aber auch 60 % der Heimbewohner an dieser Erkrankung. Deutschlandweit werden ca. 400.000 Demenzkranke in Alten- und Pflegeheimen versorgt. Der Verlust emotionaler Kontrolle, des Sozialverhaltens und der Motivation, Lernfähigkeitsdefizite, eingeschränktes Sprach- und Urteilsvermögen, aber auch Einschränkungen in Orientierung und Denken durch kognitive und nichtkognitive Beeinträchtigung sind die Folgen dieser Erkrankung, wodurch Demenzerkrankte auf Hilfe angewiesen sind. Psychische Auffälligkeiten wie Depression, Schlafstörungen, Unruhe, Halluzinationen und Aggressionen sind Folgen dieses Krankheitsbildes. (vgl. Robert Koch-Institut/Statistisches Bundesamt 2005:7)

RKI und StBA stellen fest, dass Personen mit leichten kognitiven Störungen zur Hochrisikogruppe für diese Krankheit gehören. Eine niedrige Schulbildung sei ebenfalls als Risikofaktor durch mehrere epidemiologische Studien belegt worden. Das genetische Risiko bei dieser Erkrankung wird auf 5 bis 10 % geschätzt. Eine sporadische Form der Alzheimer-Demenz nimmt dabei mit 90 % den Hauptanteil dieser Erkrankung ein. Die präventive Beobachtung von Blutdruck und Fettstoffwechsel wird empfohlen. (vgl. Robert Koch-Institut/Statistisches Bundesamt 2005:10–11)

In der nachfolgenden Tabelle werden die Kosten der Haupterkrankungen prozentual zu den Gesamtkosten im Gesundheitswesen dargestellt.

| Erkrankungen | Herz-Kreislauf | Muskel-Skelett | Psychische |
|---|---|---|---|
| Anteil der gesamten Kosten bei Patienten über 65 Jahre | 21 % | 12 % | 11 % |

*Tabelle 1: Anteil der Haupterkrankungen an den Krankheitskosten (Statistisches Bundesamt 2012:4)*

## 2.2 Langfristige Ziele und Maßnahmen zur Entwicklung des Gesundheits- und Pflegebereichs

Die Ausführungen der Punkte 2.2.1 bis 2.2.3 erläutern die Entwicklungen im Bereich Pflege und Gesundheit. Dadurch soll ein Gesamtüberblick entstehen über die sich entwickelnden Fallzahlen der kommenden Jahre in der Pflege und bei den Krankenhausbehandlungen. Bei diesem Vergleich werden als Basis Fallzahlen aus dem Jahr 2007 zugrunde gelegt. Im Pflegebereich werden zwei Szenarien von Modellrechnungen für kommende Jahre gegenübergestellt. Im Punkt 2.2.3 werden Ziele und Maßnahmen der Bundesregierung angeführt, die diese als Konsequenz aus den Entwicklungen ergriffen hat, um die Beteiligten bei der Bewältigung anstehender Probleme gesetzlich zu unterstützen.

## 2.2.1 Prognose der Pflegebedürftigkeit

Folgende Zahlen zur Entwicklung von Pflegebedürftigkeit sind von den Statistischen Ämtern des Bundes und der Länder (SÄdBL) zur Verfügung gestellt worden. Im Sinne des Pflegeversicherungsgesetzes waren im Jahr 2007 2,25 Mio. Menschen in Deutschland pflegebedürftig, 83 % davon 65 Jahre und älter, 35 % 85 Jahre und älter, 68 % Frauen. 68 % aller Pflegebedürftigen, also 1,54 Mio. wurden zu Hause versorgt. Von 1999 bis zum Jahr 2007 sei die Anzahl der Pflegebedürftigen von 2,02 auf 2,25 Mio. Menschen in Deutschland angestiegen, was einem Anstieg von knapp 11 % entspricht. Infolge des demografischen Wandels sei der Anteil der Pflegebedürftigen an der Gesamtbevölkerung von 2,5 % auf 2,7 % gestiegen. Waren im Jahr 1999 noch 2,9 Mio. Menschen im Alter von 80 Jahren und älter pflegebedürftig, waren es 2007 schon 3,9 Mio. Der Trend, so stellen die SÄdBL fest, gehe zur professionellen Pflege in Pflegeheimen und durch ambulante Pflegedienste. Seit dem Jahr 1999 seien die Zahlen der Pflegebedürftigen in Heimen um 24 %, die in ambulanten Diensten um 21 % gestiegen. Der Anteil der zu Hause Versorgten habe sich um 5 % erhöht, obwohl die familiäre Pflege aufgrund der höheren Erwerbstätigkeit von Frauen und der höheren Mobilität der Gesellschaft rückläufig sei. (Statistische Ämter des Bundes und der Länder 210:21–23)

Die SÄdBL stellen fest, dass bei der Pflegequote im Jahr 2007 bei den 70- bis 75-Jährigen nur jeder Zwanzigste, also 5 % der gesamten Pflegebedürftigen, Pflege beansprucht. Bei den über 90-Jährigen liegt die Pflegequote bei 62 %, bei den 85- bis 90-Jährigen beträgt die Quote 41 % bei Männern und 28 % bei Frauen. Diese unterschiedlichen Pflegequoten seien durch die gesundheitliche Entwicklung von Mann und Frau begründet sowie darin, dass ältere Frauen häufiger allein leben, während Männer in der ersten Phase der Pflege von ihren Frauen versorgt werden. (Statistische Ämter des Bundes und der Länder 210:24–25)

| Jahr | 2007 | 2015 | 2020 | 2050 |
|---|---|---|---|---|
| Zahl der Pflegebedürftigen | 2,25 Mio. | 2,65 Mio. | 2,9 Mio. | 3,37 Mio. |

*Tabelle 2: Anstieg der Zahl der Pflegebedürftigen von 2007 bis 2050 laut SÄdBL (Statistische Ämter des Bundes und der Länder 2010:27)*

Die Zahlen hochgerechnet, sei vom Jahr 2007 bis zum Jahr 2030 mit einem Anstieg der Anzahl der Pflegebedürftigen von 29 % zu rechnen. Bis zum Jahr 2050 komme es zu einem Anstieg von 50 %, wobei der Anstieg der Pflegebedürftigkeit bei Männern 65 % und bei Frauen 43 % ausmache.

| Jahr | 2007 | 2020 | 2030 |
|---|---|---|---|
| Anteil der Pflegebedürftigen an der Gesamtbevölkerung | 2,7 % | 3,6 % | 4,4 % |
| Pflegebedürftige 85 Jahre und älter | 35 % | 41 % | 48 % |
| Pflegebedürftige unter 60 Jahren | 14 % | 10 % | 7 % |

*Tabelle 3: Übersicht über die Pflegebedürftigkeitsquote von 2007 bis 2030 (Statistische Ämter des Bundes und der Länder 210:27–28)*

Die SÄdBL stellen zwei Entwicklungsszenarien gegenüber. Zum einen das Szenario sinkender Pflegequoten, zum anderen das Szenario Status quo. Im Szenario sinkender Pflegequoten wird angenommen, dass sich der Gesundheitszustand älterer Menschen zukünftig verbessert, wozu u. a. der medizinisch-technische Fortschritt beiträgt. Doch trotz des Dämpfungseffektes sei ein Anstieg der Zahlen auch in diesem Szenario die Folge. (Statistische Ämter des Bundes und der Länder 210:30)

Die folgenden Tabellen zeigen die Szenarien sinkende Pflegequote und Status quo, hochgerechnet auf die Jahre 2020, 2030 und 2050 in absoluten Zahlen und Prozentzahlen, und geben damit einen Überblick über den Anstieg der zu erbringenden Leistungen im Pflegebereich.

| Jahr | 2020 | 2030 | 2050 |
|---|---|---|---|
| Anzahl der Pflegebedürftigen | 2,72 Mio. | 3,0 Mio. | 3,76 Mio. |
| Anstieg zu den 2,25 Mill. Pflegebedürftigen aus 2007 | 21 % | 33 % | 67 % |
| Anteil der Pflegebedürftigen an der Gesamtbevölkerung | 3,4 % | 3,9 % | 5,4 % |
| Anteil der 85-Jährigen und älteren an den Gesamtpflegebedürftigen | 41 % | 50 % | 63 % |

*Tabelle 4: Statistik aus dem Szenario sinkender Quoten (Statistische Ämter des Bundes und der Länder 2010:30)*

| Jahr | 2020 | 2030 | 2050 |
|---|---|---|---|
| Anzahl der Pflegebedürftigen | 2,9 Mio. | 3,37 Mio. | 4,5 Mio. |
| Anteil der Pflegebedürftigen an der Gesamtbevölkerung | 3,6 % | 4,4 % | 6,5 % |
| Anteil der 85-Jährigen und älteren an den Gesamtpflegebedürftigen | 41 % | 48 % | 59 % |

*Tabelle 5: Statistik aus dem Status-Quo-Szenario (Statistische Ämter des Bundes und der Länder 2010:30)*

## 2.2.2 Prognose der Krankenhausbehandlungen

Die Krankenhausfälle (KHF), so berichten die SÄdBL, seien von 1995 bis 2008 von 15,8 Mio. auf 17,9 Mio. gestiegen, was in Zusammenhang mit dem zunehmenden Alter der

Patienten stehe. Ab dem 60. Lebensjahr sei ein deutlicher Anstieg der KHF zu verzeichnen. Im Jahr 2008 war jeder vierte Einwohner 60 Jahre und älter, damit gehörte jeder zweite Krankenhauspatient dieser Altersgruppe an. Die 60- bis 80-jährigen Patienten stellen 35 % der KHF, aber nur 21 % der Gesamtbevölkerung, bei den ab 80-jährigen Patienten waren dies 14 % KHF und nur 5 % der Bevölkerung. (Statistische Ämter des Bundes und der Länder 2010:7–9)

Die SÄdBL stellt weiter fest, dass Herz-Kreislauferkrankungen und bösartige Neubildungen (Krebs) die häufigsten Diagnosen bei den KHF sind. Psychische Störungen bei 60- bis 80-Jährigen nehmen mit 16 % der KHF einen geringen Anteil ein. Die Krankenhausverweildauer ist in den Jahren von 1995 bis 2008 gesunken. Im Jahr 1995 waren es durchschnittlich 11,4 Tage, dagegen im Jahr 2008 nur noch 8,1 Tage. Die Expansionsthese von Ernest Gruenberg besagt, dass Menschen zukünftig länger leben, aber auch länger krank sein werden. Bei Vorausberechnungen soll diese These dem Status-quo-Szenario entsprechen. Dies würde bedeuten, dass bei sinkender Gesamtbevölkerung die KHF von ca. 17,9 Mio. im Jahr 2010 um 1,4 Mio. auf 19,3 Mio. im Jahr 2030 ansteigen. Dies entspricht einem Anstieg von 8 %, und somit sei im Jahr 2020 mit 18,8 Mio. KHF zu rechnen. Die SÄdBL stellen fest, dass es im Jahr 2008 bei Frauen eine Steigerung von 9,5 Mio. KHF gab, diese aber bis zum Jahr 2030 auf 9,9 Mio. steigen würden. Bei Männern würden die KHF von 8,4 Mio. im Jahr 2008 auf 9,4 Mio. bis ins Jahr 2030 steigen. Das würde einen stärkeren Anstieg bei Männern von 12,3 % gegenüber dem Anstieg bei Frauen von 4,2 % bis ins Jahr 2030 ausmachen. Die SÄdBL weisen darauf hin, dass der Geburtenrückgang verantwortlich ist für reduzierte KHF, die durch Schwangerschaft, Geburt und Wochenbett verursacht werden. So würde der Rückgang in diesen Fällen ca. 20 % betragen. (Statistische Ämter des Bundes und der Länder 2010:10–11)

Weiter wird verwiesen auf Herz-Kreislauferkrankungen, welche einen Anstieg von über 26 % auf ca. 3,4 Mio., sowie auf Neubildungen, welche einen Anstieg von über 17 % auf 2,2 Mio. der KHF verzeichnen. Die Steigerungen bei den Demenzerkrankungen belaste hauptsächlich die häusliche Pflege und Betreuung. Insgesamt verschiebe sich der Bedarf an Krankenhausleistungen in Richtung weniger Kapazitäten im Bereich Geburten und Frauenheilkunde und mehr Kapazitäten im Bereich Innere Medizin. (Statistische Ämter des Bundes und der Länder 210:13–14)

Prognostisch, so stellen die SÄdBL fest, sei bis zum Jahr 2030 ein Rückgang der KHF bei Patienten unter 40 Jahren sowie bei den 40- bis 60-Jährigen zu erwarten. Die KHF der 60- bis 80-jährigen Patienten werden dagegen voraussichtlich auf ca. 42 % in den Jahren 2020 bis 2030 (im Vergleich zu 35 % im Jahr 2008) steigen. Bei den KHF der 80-Jährigen seien Steigerungsraten von 13,9 % im Jahr 2008 auf 19,5 % im Jahr 2020 und danach nur leicht weiter auf 20,7 % zu erwarten. Kriegs- und Nachkriegsgenerationen sowie die geburtenstarken 1950er Jahrgänge seien für die Entwicklung dieser KHF-Zahlen verantwortlich. Prognostische Krankenhausplanungen sollten sich auf Änderungen des Bedarfs an Krankenhauseinrichtungen, medizinischem Personal und medizinischen Fachrichtungen einstellen. Genauso sollten sich notärztliche Versorgungen im Bereich der Herz-Kreislauferkrankungen wie Herzinfarkt und Schlaganfall auf einen Anstieg der Fallzahlen einrichten. In über 40 % der Fälle sterben die Patienten bei dieser Diagnose. (Statistische Ämter des Bundes und der Länder 210:15–19)

## 2.2.3 Öffentliche Planungen zur Gesundheit und Pflege

Das BMI beschreibt das deutsche Gesundheitssystem als eine der gesamten Bevölkerung zugängliche, qualitativ hochwertige Gesundheitsversorgung. Umfragen belegen, dass sich die überwiegende Mehrheit der Bevölkerung durch dieses System gut versorgt fühlt. (vgl. Bundesministerium des Innern 2011:149)

Das BMI stellt fest, dass 90 % der Bevölkerung durch einen gesetzlichen und 10 % durch einen privaten Krankenversicherungsschutz abgesichert sind. Prognosen der demografischen Entwicklung zeigen, dass die Menschen bei guter, geistiger und körperlicher Leistungsfähigkeit immer älter werden, allerdings erkranken die Menschen häufiger und stärker, wobei Multimorbidität und chronische Erkrankungen den Gesundheitsbedarf und die Kosten für Gesundheitsausgaben steigern. Die höchsten finanziellen Ausgaben seien demnach bei 65- bis 80-Jährigen zu erwarten. Weiter wird ausgeführt, dass auch der medizinisch-technische Fortschritt die Kosten steigen lässt. Die Differenz zwischen medizinischer Versorgung und Beitragsleistung, der sogenannte Deckungsbeitrag der Gesetzlichen Krankenversicherung (GKV), führt durch den demografischen Wandel zu Problemen. So erläutert das BMI weiter, dass 2010 der Deckungsbeitrag für Rentner bei 45 % lag. Während sich private Krankenversicherungen (PKV) sich weitestgehend durch Altersrücklagen absichern, steht die gesamtgesellschaftliche medizinische Versorgung in den nächsten Jahrzehnten vor einer großen Herausforderung, einerseits aus patienten- und andererseits aus heil- und pflegeberufsperspektivischer Sicht. Das BMI schlussfolgert: Medizinische Behandlungen und Therapien sind anzupassen und neu auf die signifikantesten Alterserkrankungen auszurichten. (vgl. Bundesministerium des Innern 2011:149–151)

Maßnahmen, verlautet die Stellungnahme vom BMI, dem entgegenzuwirken, sind durch das GKV-Finanzierungsgesetz vom 01.01.2011 auf den Weg gebracht worden. Aufgabe des Gesetzes ist die soziale Ausgewogenheit und Gewährleistung der Wettbewerbsfähigkeit. So legt dieses Gesetz 7,3 % Arbeitgeberbeitragssatz fest und die Finanzierung der Ausgabensteigerungen über einkommensunabhängige Zusatzbeiträge des Versicherten. Sozialausgleichsbeträge sollen aus Steuermitteln aufgebracht werden. Diese Ausgleichsbeträge greifen allerdings nur, wenn sie den durchschnittlichen Zusatzbeitrag von 2 % des individuellen sozialversicherungspflichtigen Einkommens übersteigen. (vgl. Bundesministerium des Innern 2011:152–153)

Weiter erläutert das BMI, inwiefern das Arzneimittelmarktneuordnungsgesetz (AMNOG) vom 01.01.2011 den Arzneimittelmarkt neu ordnet: Der Preis von Arzneimitteln darf nicht höher als der nachgewiesene Nutzen sein. Diese Regelungen und die gesetzlichen Pflichtrabatte der Hersteller an die Krankenkassen gelten auch für die PKV. Es sollen in beiden Krankenversicherungssystemen für Arzneimittel vergleichbare Preise gezahlt werden. (vgl. Bundesministerium des Innern 2011:153)

Laut BMI ist die flächendeckende, bedarfsgerechte medizinische Versorgung eine Herausforderung im Rahmen der Anpassung an die demografische Entwicklung. Schwierigkeiten gibt es mit der Bereitstellung ausreichender, wohnortnaher, ambulanter und stationärer Versorgungseinrichtungen besonders in ländlichen Regionen. Anreize für die Umsetzung einer flächendeckenden Versorgung können durch Zuschüsse bei Praxiseinrichtungen, kostengünstige Praxisräume oder günstigen Baugrund sowie bei Kinderbetreuungsmöglichkeiten gegeben werden. Dies ist für die weitere Bevölkerungsentwicklung auf dem Land von Bedeutung, da die Attraktivität einer Gemeinde auch abhängig ist von deren medizinischen Infrastruktur. (vgl. Bundesministerium des Innern 2011:155)

Mit dem Entwurf eines GKV Versorgungsstrukturgesetzes vom 03.08.2011 habe das Bundeskabinett Anreize in dieser Richtung für Ärzte geschaffen. Im Vordergrund stünden eine leistungsgerechte Vergütung und der Abbau von Bürokratie. (Bundesministerium des Innern 2011:153–155) Das GKV fördere das Ineinandergreifen von stationärer und ambulanter Versorgung und die Schaffung gleicher Voraussetzungen und Bedingungen für niedergelassene Fachärzte und Krankenhäuser zur Gewährleistung der medizinischen Versorgung. Zentrale Themen seien die Prävention und Gesundheitsförderung sowie die Versorgung der Erkrankungen des Herzkreislaufsystems, des Bewegungsapparates, die Behandlung von Altersdemenz sowie psychischer Erkrankungen. Besonders aber die Früherkennung durch Prävention von Krankheiten sowie die Vermeidung von Pflegebedürftigkeit seien Eckpfeiler zur Dämpfung der Kostenentwicklung im Gesundheits- und Pflegebereich der kommenden Jahre. Im Koalitionsvertrag der Bundesregierung, so das BMI, sei die Erarbeitung einer nationalen Präventionsstrategie mit neuen Schwerpunkten vereinbart worden. (vgl. Bundesministerium des Innern 2011:157–159)

Das BMI stellt weiter fest: Am 08.12.2010 ist die Gesundheitsforschung durch das „Rahmenprogramm Gesundheitsforschung" neu ausgerichtet worden. Daraufhin hat im Jahr 2009 die Bundesregierung das Deutsche Zentrum für neurodegenerative Erkrankungen (DZNE) gegründet. Weiter ist 2011 das Zentrum der Gesundheitsforschung gegründet worden, welches die Krankheitsbilder Krebs, Lungen- und Infektionserkrankungen sowie Herz-Kreislauf-Erkrankungen erforscht. Die Bundesinitiative „Leuchtturm Demenz" widmet sich der Verbesserung der Versorgung von Demenzkranken. (vgl. Bundesministerium des Innern 2011:159–160)

In diesem Zusammenhang weist das BMI darauf hin, dass seit dem Jahr 1995 die Pflegeversicherung als der jüngste Zweig der Sozialversicherung die Absicherung des Pflegerisikos zur Aufgabe hat. 2,42 Mio. Menschen haben im Jahr 2010 Leistungen der Pflegeversicherung in Anspruch genommen: 0,75 Mio. in Form einer vollstationärer Pflege in Pflegeheimen, 1,67 Mio. Menschen bei Betreuung zu Hause. Die Pflegeversicherung sei ein Kernsicherungssystem, so das BMI. Dies bedeute, dass gewisse Kostenbeteiligungen die Pflegebedürftigen oder ihre Familien selbst tragen. (vgl. Bundesministerium des Innern 2011:160–161)

Im Status-quo-Szenario, erklärt das BMI, werde bei Vorausberechnungen von gleichbleibenden altersspezifischen Pflegequoten ausgegangen. Der Eintritt der Pflegebedürftigkeit könnte sich verschieben, bedingt durch die höheren Lebenserwartungen. Somit könnte die Pflegebedürftigkeit in den jetzigen Altersklassen verringert werden, weil sich der Beginn der Pflege in eine höhere Altersstufe verschiebt. So würde sich die Alterung der Bevölkerung auf die Einnahmenseite der sozialen Pflegeversicherung mit finanziellen Defiziten auswirken. Es wird weiter ausgeführt, dass die Finanzierung der Pflegeversicherung ausschließlich auf einkommensabhängigen Beiträgen beruhen würde. Deshalb sei diese Versicherung im Kontext des demografischen Wandels einer Reduzierung der Finanzierungsbasis ausgesetzt. (vgl. Bundesministerium des Innern 2011:161)

Alte Menschen werden zukünftig nicht auf Unterstützung von nahen Angehörigen zurückgreifen können, weil sie häufig keine Kinder haben. Vor allem Frauen würden sich in der Pflege engagieren. Es wird aber davon ausgegangen, dass durch steigende Erwerbstätigkeit von Frauen der Bedarf an Unterstützung und somit die Anzahl der benötigten Pflegekräfte steigen wird, da auch im Kontext des demografischen Wandels die Fachkräfte im Pflegepersonal abnehmen werden, so das BMI. Im Jahr 2008 seien mit dem Pflegeweiterentwicklungsgesetz die leistungs- und vertragsrechtlichen Strukturen der Pflegeversicherung den Bedürfnissen der Betroffenen, der pflegenden Familienangehörigen sowie des Pflegepersonals angepasst worden. Das Prinzip der Gesundheitsversorgung „ambulant vor stationär" müsse weiter gestärkt werden. Modellprogramme wie „Wohnen für (Mehr)-Generationen" seien ein Beispiel dafür. Ferner stellt das BMI fest, dass diese Modelle mit Baukostenzuschüssen von der Regierung gefördert werden. Ein weiteres Beispiel sei die „Hightech-Strategie 2020", hier fördere die Bundesregierung die Entwicklung technischer Lösungen zur Entlastung Pflegebedürftiger und Pflegender. (vgl. Bundesministerium des Innern 2011:162–163)

Die Rahmenbedingungen für die Vereinbarkeit von Beruf und familiärer Pflege würden mit dem Pflegezeitgesetz von Juli 2008 verbessert. So haben Beschäftigte in Pflegesituationen das Recht, zehn Arbeitstage von der Arbeit fernzubleiben. Diese Zeit sollte genutzt werden, um die pflegerische Versorgung des Angehörigen sicherzustellen. Weiterhin könnten bei längerer Pflege von Angehöriger, Berufstätige sechs Monate Pflegezeit in Anspruch nehmen, wobei zwischen vollständiger oder teilweiser Freistellung von der Arbeit gewählt werden könne. Kein Anspruch auf Pflegezeit dagegen bestünde gegenüber Arbeitgebern, die in der Regel 15 oder weniger Beschäftigte haben. (vgl. Bundesministerium des Innern 2011:163–164)

Weiter wird durch das BMI festgestellt, dass durch monatelanges Fernbleiben vom Beruf aufgrund der Pflege von Angehörigen die Beteiligten finanzielle und berufliche Nachteile befürchten könnten. So plane die Bundesregierung deshalb staatlich geförderte Familienpflegezeiten. Hier soll pflegenden Angehörigen die Möglichkeit eröffnet werden, bis zu zwei Jahre der häuslichen Pflege von Angehörigen nachzugehen, den Beruf könne man mit reduzierter Stundenzahl weiter ausüben. Dabei könne eine staatlich geförderte Aufstockung des Arbeitsentgelts in Anspruch genommen werden, so das BMI. Also könne man zwei Jahre die Arbeitszeit auf 15 Stunden reduzieren. Beim Wechsel von Vollzeit- auf Teilzeitbeschäftigung mit halber Wochenstundenzahl erhalten laut BMI pflegende Angehörige 75 % ihres letzten Bruttoeinkommens. Allerdings müssen die pflegenden Angehörigen in der Nachpflegephase zum Ausgleich bei weiterhin 75 % ihres Gehaltes voll arbeiten. (vgl. Bundesministerium des Innern 2011:164)

Gemäß den Ausführungen des BMI sei das Gesetz zur Weiterentwicklung der Organisationsstrukturen der Gesetzlichen Krankenversicherung im ambulanten Bereich rückwirkend zum 01.10.2008 erlassen worden. In diesem Gesetz würden Regelungen zur Altersgrenze in der vertragsärztlichen und vertragszahnärztlichen Versorgung aufgehoben. Das würde heißen, Ärzte, Zahnärzte und Psychotherapeuten könnten nach Vollendung des 68. Lebensjahres im Rahmen der GKV weiter tätig sein. Die Sicherstellung dieser Regelung über eine längere Zeit wurde durch einen vom Kabinett der Bundesregierung am 03.08.2011 beschlossenen Entwurf des Gesetzes zur Verbesserung der Versorgungsstrukturen in der Gesetzlichen Krankenversicherung (GKV-VStG) auf den Weg gebracht, so das BMI. Weniger Bürokratie und leistungsgerechte Vergütung sollten den Arztberuf damit attraktiver machen. (vgl. Bundesministerium des Innern 2011:166)

Das BMI folgert zum Krankenhausfinanzierungsreformgesetz der Bundesregierung vom März 2009, es würde für Verbesserung der Arbeitsbedingungen der Pflegekräfte und der Ärzte stehen. Hier solle durch Pflegestellen-Förderprogramme innerhalb von drei Jahren ca. 16.500 zusätzliche Stellen im Pflegedienst geschaffen werden. Damit solle Attraktivität und Wertschätzung des Pflegeberufes einem Pflegekräftemangel entgegenwirken. Leistungsgerechte Entlohnung des Pflegeberufes sei ein richtiger Schritt dorthin, so das BMI. Die Bundesregierung habe sich eine Zusammenführung der Ausbildungen in Krankenpflege, Kinderkrankenpflege und Altenpflege in einem Berufsgesetz zum Ziel gesetzt, erklärt das Ministerium. (vgl. Bundesministerium des Innern 2011:167–168)

# 3. Entwicklung der nichtärztlichen Gesundheitsberufe

Das Kapitel widmet sich den Strukturen und Aufgaben von nichtärztlichen Gesundheitsberufen. Es wird erörtert, dass das Vorantreiben der Entwicklung der näGb im Hinblick auf eine veränderte, älter werdende Bevölkerung wesentlich ist. Steigende Fallzahlen im Gesundheits- und Pflegesektor sowie zunehmende chronische, multimorbide und psychische Erkrankungen der Patienten bilden den Schwerpunkt der medizinischen, pflegerischen Versorgung.

## 3.1 Strukturen und Aufgaben nichtärztlicher Gesundheitsberufe

Höppner und Kuhlmey führen aus, dass für eine alternde, im demografischen Wandel befindliche Gesellschaft wie die deutsche die Gesundheitsversorgung auf den Prüfstand stehen sollte. Gegenwärtige Gesundheitsstrukturen seien aus historischen Gegebenheiten erwachsen. Für kommende Aufgaben sollten diese Strukturen neu überdacht werden. (vgl. Höppner & Kuhlmey 2009:12–13)

In diesem Kapitel der Arbeit wird die Entwicklung nichtärztlicher Gesundheitsberufe (näGb) erläutert. Die aktuellen Strukturen werden dargestellt und die Notwendigkeit der Weiterentwicklung dieser Berufsgruppen. Es wird erläutert, wie die derzeitige Tätigkeit sich darstellt und welche Schwerpunkte für zukünftige Tätigkeitsbereiche im Kontext des demografischen Wandels wichtig werden. Es soll der Fachbedarf dieser Berufsgruppe aufgrund der sich entwickelnden Erkrankungen einer multimorbiden alternden Gesellschaft geklärt werden. Weiterführend werden zukünftige Möglichkeiten und die Bedeutung des Einsatzes nichtärztlicher

Gesundheitsberufe im Therapiealltag aufgezeigt. In Kapitel 3.2.1 soll die These geprüft werden, ob durch den Einsatz von näGb eine verbesserte gesundheitliche Versorgung der Bevölkerung gewährleistet wird. Das Kapitel 3.2.2 soll Auskunft über die aufgestellte These geben, ob durch Delegation von gesundheitlichen Leistungen an näGb dem Fachkräftemangel begegnet werden kann.

### 3.1.1 Aktuelle Struktur der nichtärztlichen Gesundheitsberufe

Kluth vertritt die Position, dass nichtärztlichen Leistungen im Gesundheitswesen eine wachsende Bedeutung zukommt. Als wichtigsten Grund gibt er die Kostenexplosion von Gesundheitsdienstleistungen an, bedingt durch den demografischen Wandel und somit die vermehrte Inanspruchnahme von Gesundheitsdienstleistungen durch ältere Menschen. Die Rolle des ärztlichen Berufes müsse abgeschwächt werden, um Kosten zu senken, indem man Aufgaben delegiert an andere qualifizierte Gesundheitsberufe. Ein Beispiel für diese Entwicklung würde in einem Gesetzesantrag des Landes Nordrhein-Westfalen zur Einführung einer Modellklausel in die Berufsgesetze der Hebammen, Logopäden, Physiotherapeuten, Ergotherapeuten und Rettungsassistenten vom 18.04.2008 zum Ausdruck kommen. Ziel des Gesetzesantrags sei es, Gesundheitsberufen Zugang zum Fachhochschulstudium zu ermöglichen. Dadurch könne der Ausbildungsstandard gehoben und dem europäischen Ausland angepasst werden. (vgl. Kluth 2010:373)

Weiter zeigt Kluth die Zersplitterung von Gesetzgebungskompetenzen im deutschen Gesundheitswesen. Ein Beispiel hierfür sei der Umstand, dass Art. 74 Abs. 1 Nr. 19 GG nur für die Regelung der Ausbildung und Zulassungsanforderung der Heilberufe zuständig ist, Berufsausübung und Fortbildung aber in den Heilberufsgesetzen geregelt sind. Dies gelte auch für die Heilgewerbe, so Kluth, die landesgesetzlich geregelt sind. Gesundheitshandwerke seien in der Handwerksordnung fixiert, wobei hier das Recht der Wirtschaft nach Art. 74 Abs. 1 Nr. 11 gesetzgebend sei. Die unterschiedliche Bearbeitungsintensität der Europäischen Union bei der Regelung von Berufsanerkennungsrichtlinien vereinfache die Sache nicht. Das deutsche Recht kennt z. B. für Ärzte, Zahnärzte, Apotheker, Hebammen und Krankenschwestern lt. Art. 24 ff. spezielle Vorgaben aus früheren Richtlinien. Mit dem SGB V existiere zudem eine zweite bundesgesetzliche Regelung, die bei Leistungserbringung im Rahmen der GKV auf Gesundheitsberufe und deren Berufsausübung einwirke. (vgl. Kluth 2010:373)

Diese Beispiele zeigen, so Kluth weiter, dass die Verteilung der Gesetzgebungskompetenzen für Gesundheitsberufe zwischen Bund und Ländern variiere und es somit zu Schwierigkeiten bei der Vereinheitlichung und Zuordnung von Gesundheitsberufen kommen kann. Es fehle an der Gesamtkoordination der einzelnen Berufe und an Schnittstellen bei ihrer Zuordnung zu den ambulanten und stationären Bereichen der Krankenversorgung, Pflege und Rehabilitation. Solch eine Gesamtkoordination sei erforderlich, will man Effizienz und Effektivität im Gesundheitswesen erhöhen. So dürfe beispielsweise eine Kosteneinsparung im stationären Bereich nicht zu einer Steigerung der Kosten im Pflege- oder Reha-Bereich führen. (vgl. Kluth:373–374)

Rothenburg führt in diesem Zusammenhang aus, es seien in den letzten Jahren eine Reihe neuer Vorschriften gefordert und gefördert worden, die das Ziel einer zukünftig verbesserten Gesundheits-, Kranken- und Pflegeversorgung haben. So wurden unter der Überschrift „Sicherung der Qualität der Leistungserbringung" zahlreiche Neuregelungen im 4. Kapitel, 9. Abschnitt des SGB V getroffen. Damit wurden neue

Kompetenzen und Handlungsspielräume zur Qualitätssicherung und Qualitätsentwicklung festgelegt. Dem entspreche das Gesetz zur Reform der gesetzlichen Krankenversicherung ab dem Jahr 2000 vom 22.12.1999. (BGB l. I S. 2626; vgl. Rothenburg 2005:2)

Im konkreten Fall der Akademisierung von Gesundheitsberufen, so führt Rothenburg weiter aus, würden gegenwärtig mehrstufige Aus- und Weiterbildungen für nichtärztliche Gesundheitsberufe auf Hochschulniveau erprobt. Physiotherapeuten oder Logopäden haben nun die Möglichkeit, einen Bachelorgrad zu erwerben. Seit drei Jahren böten Fachhochschulen in Niedersachsen interessierten und entsprechend qualifizierten Gesundheitsfachkräften ein Studium an. Auch gäbe es Überlegungen für Masterstudiengänge, so Rothenburg weiter. Die Qualität der Ausbildung würde maßgeblich über die prüfungsrelevanten Lehr und Lerninhalte bestimmt. In diesen Ausbildungen seien Fach- und Rechtsfragen relevant, genauso wie Patientenautonomie, Kooperation mit anderen Gesundheitsberufen, Patientenrecht und Innovation. Gerade in Anbetracht der Ressourcenknappheit des Gesundheitssystems sollten nach Rothenburg Gesundheits- und Pflegeberufe auf breiter Basis zielgerichtet und stärker in die Innovations- sowie Reformprozesse der Gesundheitsversorgung einbezogen werden, vor allem im Präventions- und Rehabilitationsbereich. (vgl. Rothenburg 2005:1 f.)

Die deutsche Industrie und Handelskammer führt aus, dass in der ambulanten Versorgung über Fachkräftemangel debattiert wird. Die Zulassungszahlen von Ärzten stiegen allerdings seit Jahren, deshalb habe der akute Engpass in der ländlichen ambulanten Versorgung die Ursache in der regionalen Verteilung der Ärzte. (vgl. Deutsche Industrie und Handelskammer 2011:7) Die IHK befürchtet im Zuge des demografischen Wandels bis 2030 das Fehlen von 165.000

Ärzten in den stationären und ambulanten Bereichen. (vgl. Deutsche Industrie und Handelskammer 2011:8)

Weiter wird von der IHK ausgeführt, dass Veränderungen in der Bevölkerungsstruktur neue Geschäftsfelder eröffneten. Für Akteure der Gesundheitswirtschaft würde es darum gehen, eine steigende Nachfrage von Gesundheitsleistungen bedienen zu können. Die Akteure seien aufgefordert, so die IHK, durch Zusammenarbeit die im Interesse der Patienten liegenden Aufgaben wie Prävention oder ambulante und stationäre Versorgung sowie Rehabilitation mit Kreativität zu begegnen. Der Verzahnung der ambulanten und stationären medizinischen Versorgung und Pflege müsse immer mehr Aufmerksamkeit gewidmet werden, wobei die Zusammenarbeit der unterschiedlichsten Berufsgruppen im Gesundheitswesen Möglichkeiten dafür böten.

Die Gesundheitsberufe sollten durch die Politik attraktiv gestaltet werden und bei der Einführung von Präventionsleistungen unterstützt werden. Prävention würde immer wichtiger werden, gerade im Kontext des demografischen Wandels und deshalb sollten Betriebe, Sozialversicherungen, Krankenversicherungen dem Thema mehr Bedeutung beimessen. (vgl. Deutsche Industrie und Handelskammer 2011:2–3)

Becker empfiehlt eine neue Verteilung der im Gesundheitswesen anstehenden Aufgaben bei besserer Zusammenarbeit der Gesundheitsberufe. Neue Herausforderungen, so Becker, entstehen aufgrund der Gesundheitsversorgung der älteren Bevölkerung, da der Multimorbidität der älteren Bevölkerung sowie den veränderten Patientenbedürfnissen Rechnung getragen werden muss. Dafür in Frage kommende Leistungserbringer, führt Becker aus, sind z. B. Ergotherapeuten, Logopäden, Diätassistenten und Ärzte, aber auch Politiker, Vertreter unterschiedlicher Ministerien der Länder und der Krankenkassen. Ziele für Veränderung und Neuorientierung und deren Voraussetzungen seien u. a. die Verbesserung der

Versorgung, Abkoppelung der Abhängigkeit von Morbidität an den sozial-ökonomischen Status, erhöhte Qualität und Wirtschaftlichkeit der Versorgung, bessere Kooperation der Beschäftigten, flexible Anpassung an regionale Gegebenheiten und Verbesserung der Arbeitszufriedenheit. (vgl. Becker 2008:125)

Der tiefgreifende Wandel mache nicht vor bestehenden Profilen und Rollen der Gesundheitsberufe halt, so erklärt die RBS. Es würde daher eine Überarbeitung der Kompetenzen der jeweiligen Gesundheitsberufe naheliegen. Differenzierte akademische, evidenzbasierte Ausbildungsgänge sollten rechtlich geregelt werden. (vgl. Robert Bosch Stiftung 2013:2)

Die IHK führt aus, auch Arbeitsteilung könnte Freiräume schaffen. Tätigkeiten, die Ärzten und Pflegern die Arbeit der Dokumentation abnehmen, seien Beispiele dafür. Auch die Delegation von Aufgaben durch den Arzt an medizinisches Fachpersonal verfolge diese Richtung. Mehr Eigenverantwortlichkeit würde dem medizinischen Personal etwa nach dem Vorbild sogenannter Primary Nurses eingeräumt werden. Wichtig sei nach Meinung der IHK die Koordination zwischen den verschiedenen Sektoren und deren Verknüpfung bei Behandlungen von Patienten. Hier könne man sich Case Manager gut vorstellen. Hoch- und Fachschulausbildungen der Gesundheitsberufe würden für Aufstiegs- und Weiterbildungsmöglichkeiten in den medizinischen und Pflegeberufen benötigt werden. (vgl. Deutsche Industrie und Handelskammer 2011:7–10)

Die RBS vertritt die Position, dass das Qualitätsniveau im Gesundheitswesen bei steigender Quantität gehalten werden sollte. Dies würde die Weiterentwicklung und Anpassung an die neuen Anforderungen im Gesundheitswesen voraussetzen. Vor dieser Anpassung würden die Gesundheitsberufe seit Jahren stehen. Eine Neuordnung der Aufgaben und die Kooperation bei der Gesundheitsversorgung seien die innovativen Herausforderungen. Die anstehenden Veränderungen würden vor historisch eingeführten Professionen und festgeschriebenen Rollen in den Gesundheitsberufen nicht Halt machen. Änderungen der Berufsrollen und -profile müssen sich neu an den Gegebenheiten der Patienten orientieren, so die RBS. Chronische Erkrankungen, Pflegebedürftigkeit und Multimorbidität verlangten nach neuen akademischen Gesundheitsberufen. (vgl. Robert Bosch Stiftung 2013:8–9)

Das Gesundheitswesen stünde vor einer neuen Epoche, führt die RBS weiter aus. Deshalb würden Finanzierungsveränderungen der Versorgungsleistungen, strukturell veränderte Gesundheitsangebote, Dienstleistungen im Gesundheitssektor, ausgerichtet an politischen, wirtschaftlichen und technologischen Veränderungen bevorstehen. Für Gesundheitsberufe bedürfte es einer Reform, in der sich dieser Wandel widerspiegelt. Die Delegation von Verantwortlichkeiten, Spezialisierung, Qualifikation, Akademisierung, Eigenverantwortung und Selbständigkeit seien dabei die Strategien. Die Zukunft der Gesundheitsberufe sei eine Frage der gesellschaftlichen Veränderungen, bemerkt die RBS. (vgl. Robert Bosch Stiftung 2013:19)

### 3.1.2 Aktuelle Tätigkeitsbereiche in der Versorgung älterer Menschen

Wienke und Janke führen aus, dass aktuell die Zusammenarbeit unterschiedlicher Gesundheitsberufe problematisch sei. Die Zusammenarbeit sei nicht den innovativen Veränderungen angepasst und somit auch nicht gegen die Anforderungen des anstehenden demografischen Wandels gewappnet. Zukünftige Aufgabe sei die Verteilung der Tätigkeiten. Die Gesundheitsberufe sollten den neuen Herausforderungen gewachsen sein, denn das zu erwartende Spektrum an chronischen Erkrankungen und multimorbiden Patienten in wachsender Zahl, geschuldet dem demografischen Wandel, gäbe Anlass dazu. Dem aber stünden unterversorgte Bereiche entgegen, die den Druck auf den Handlungsbereich erhöhten. Weiter heißt es, gäbe es keine sektorenübergreifende Versorgung. Der Nachwuchs müsse in diese neu entstehenden Strukturen eingearbeitet werden. (vgl. Wienke & Janke 2007:1–2)

Kluth schreibt zu diesem Thema: Berufsbilder der bedeutsamen akademischen Heilberufe mit fachlich anspruchsvollen Tätigkeiten sind entscheidend für den Zugang und die Art der Versorgung für den Patienten. Zu diesen Berufen gehören der Arzt, Zahnarzt, psychologische Psychotherapeut sowie, mit weniger Bedeutung für die Behandlung des Patienten, der Apotheker. Für diese Berufe ist ein Universitätsstudium nötig, welches europaweit angepasst ist. Dem Arzt sind Heilhilfsberufe wie Arzthelfer und Geburtshilfsberufe, aber auch medizinisch-technische Berufe wie die medizinisch-technische Assistentin (MTA) zugeordnet. Genauso sind teilweise auch Pflegeberufe wie Krankenpfleger, Altenpfleger sowie die Kinderpflegeberufe, welche auch bis zum Universitätsstudiengang reichen, dem Arzt unterstellt. Überwiegend sind es aber Ausbildungsberufe. Ebenso verhält es sich bei den Rehabilitationsberufen. Diese sind Physiotherapeut, Masseur, medizinischer Bademeister, Ergotherapeut, Motopäde, Logopäde, medizinischer Sprachheilpädagoge, Sprachtherapeut, Orthoptist, Diplom-Musiktherapeut, Podologe und Diätassistent. Einige der Berufe basieren auf einem Fachhochschulstudium. Kluth betont die Sonderstellung der Gesundheitshandwerke unter den in der Handwerksordnung verankerten Gesundheitsberufen. Dies sind beispielsweise der Augenoptiker, die Hörgeräteakustiker, die Zahntechniker, die Orthopädietechniker und die Orthopädieschuhmacher. Bei diesen Berufen sind strukturelle Veränderungen zu bemerken: So nehmen handwerkliche Tätigkeitsanteile ab, während der Dienstleistungsanteil dieser Tätigkeiten zunimmt. Die Berufsanfänger verfügten meist über Fachhochschulabschlüsse und somit sei die Prägung der handwerkstypischen dualen Ausbildung zurückgegangen. Hier sollte über eine Neuausrichtung der Berufsbilder nachgedacht werden. (vgl. Kluth 2010:374)

Kluth führt in diesem Rahmen weiter aus, wie schwierig die Zuordnung der Heilpraktiker sei. Es handele sich bei diesem 1939 eingeführten Beruf um einen Beruf ohne Berufsbild. Weder das Gesetz noch die dazugehörende Durchführungsbestimmung würden Aussagen zur Ausbildung und Prüfung enthalten. Es ist nur die Vollendung des 25. Lebensjahres und eine Volksschulbildung verlangt. Allerdings können die Länder im Rahmen des Erlaubnisverfahrens zusätzliche Kriterien für weitere Kenntnisüberprüfungen aufstellen, so Kluth. Diese beruhen aber nicht auf materiellen Gesetzgebungsbefugnissen, sondern werden nur aus allgemeinen Normen abgeleitet. Unverständlicherweise, so Kluth, komme hier ein Anachronismus zum Tragen, der dem Heilpraktiker die Ausübung zur Heilkunde gestatten würde, die ansonsten nur Ärzten vorbehalten sei. Weiter wird das Heilpraktikergesetz zur Definition der Heilkunde herangezogen, obwohl es keine qualifizierenden materiellen Anforderungen formuliert. Dies spricht dafür, das Gesetz aufzuheben und etwaige Lücken durch geeignete Regelungen zu schließen. (vgl. Kluth 2010:374–375)

## 3.2 Fachbedarf der nichtärztlichen Gesundheitsberufe zur Versorgung einer „multimorbiden" Gesellschaft

Die Prozesse des demografischen Wandels (vgl. Kapitel 2) und die demografischen Entwicklungen Deutschlands nach und durch den Zweiten Weltkrieg (vgl. Kapitel 2.1) und der perspektivische Verlauf des demografischen Wandels zeigen, dass die Bevölkerung in Deutschland in den nächsten Jahrzehnten abnimmt und gleichzeitig immer älter wird (vgl. Kapitel 2.1). Der zahlenmäßigen Entwicklung der älteren Bevölkerung, verbunden mit einer steigenden Zahl an Multimorbiditätspatienten, die sich aus chronischen Erkrankungen entwickeln (vgl. Kapitel 2.1.1), gilt es, durch geeignete Maßnahmen entgegenzutreten. Häufige Erkrankungen und Krankenhausaufenthalte (vgl. Kapitel 2.1.2) sind mit steigender Tendenz bei der älteren Bevölkerung festzustellen. Die Zunahme der Pflegebedürftigkeit (vgl. Kapitel 2.2.1) und die Anzahl der Krankenhausfälle (vgl. Kapitel 2.2.2) machen deutlich, dass weitere Ressourcen zur Verfügung stehen sollten, um die quantitative Erhöhung an Fallzahlen im Pflege- und Gesundheitsbereich zu bewältigen. Weiter wird in der Arbeit deutlich, welche Anstrengungen seit Jahren von der Bundesregierung unternommen werden, um der kommenden Situation im Gesundheitswesen gewachsen zu sein (vgl. Kapitel 2.2.3).

Die steigenden Zahlen der chronischen Erkrankungen innerhalb der älteren Bevölkerung und die sich daraus entwickelnde Multimorbidität sowie psychische Erkrankungen machen die Entwicklung deutlich. (vgl. Robert Koch-Institut 2009:13) Schwerpunkterkrankungen sind bei den Herz-, Kreislauf-, Muskel-, Skelettapparat- sowie den psychischen Erkrankungen wie Depressionen oder der Alzheimer-Demenz zu finden. (vgl. Statistisches Bundesamt 2012:4) Chronische Erkrankungen, Pflegebedürftigkeit und Multimorbidität verlangen nach neuen akademischen Gesundheitsberufen. (vgl. Robert Bosch Stiftung 2013:8–9) Die Akteure sind aufgefordert, durch Zusammenarbeit die im Interesse der Patienten liegenden Aufgaben, wie Prävention, ambulante und stationäre Versorgung und Rehabilitation, mit Kreativität zu begegnen. (vgl. Industrie und Handelskammer 2011:2) Die andere wichtige Möglichkeit, der Entwicklung zu begegnen, liegt in der Ausweitung und Förderung von Prävention. (vgl.

Industrie und Handelskammer 2011:3) Gesundheits- und Pflegeberufe sollten auf breiter Basis zielgerichtet und stärker in die Innovations- sowie Reformprozesse der Gesundheitsversorgung einbezogen werden, vor allem im Präventions- und Rehabilitationsbereich. (vgl. Rothenburg 2005:2) Mit welchen aktuellen Strukturen wir es derzeit bei den nichtärztlichen Gesundheitsberufen zu tun haben, wie die Veränderung der Nachfrage bei Gesundheitsdienstleistern aussieht und mit welchen Schwierigkeiten der Rahmenbedingungen bei der Neuordnung der Gesundheitsberufe zu rechnen ist, damit beschäftigen sich die folgenden Unterkapitel der Arbeit.

### 3.2.1 Zukünftige Möglichkeiten des Einsatzes nichtärztlicher Gesundheitsberufe im Therapiealltag

Wienke und Becker betonen die Wichtigkeit zur Bereitschaft, neue Kooperationsformen zwischen den Gesundheitsberufen einzugehen. Teamorientierte Arbeitsformen bei neu aufgeteilten Tätigkeitsfeldern mit entsprechender Qualifikation und Verantwortungsübernahme seien gefragt. Durch zu wenig ausgeprägte interprofessionelle Standardisierung sei die Zusammenarbeit und Delegation von Aufgaben im Moment erschwert. Es würde immer noch zu arztzentriert gearbeitet. Die Ausbildung der Gesundheitsberufe weise Mängel auf, da sie nicht auf Zusammenarbeit ausgerichtet sei. (vgl. Wienke & Becker 2007:1)

Die IHK führt in diesem Zusammenhang aus, dass neue Berufsbilder bei den Gesundheitsberufen, bedingt durch den demografischen Wandel und somit aufgrund der gestiegenen Anforderungen im Gesundheitswesen, entstehen müssten. Bei besserer Arbeitsteilung zwischen den Gesundheitsberufen würde es außerdem zu mehr Freiräumen kommen. Dazu könnten Tätigkeiten der Dokumentation zur Entlastung von Arzt oder Pflegepersonal gehören, aber auch die Delegation von Aufgaben des Arztes an medizinisches Fachpersonal. Mehr Eigenverantwortlichkeit und eine bessere Sektorenkoordination könne man sich durch den Einsatz von sogenannten Case Managern vorstellen. (vgl. Deutsche Industrie und Handelskammer 2011:10)

Die RBS vertritt die Position, dass die Neugestaltung von nichtärztlichen Gesundheitsberufen ein vorrangiges gesundheitspolitisches Ziel ist. In diesem Ziel würde die Sicherung einer qualitativ hochwertigen gesundheitlichen Versorgung der Bevölkerung gemäß den künftigen Anforderungen des demografischen Wandels zu sehen sein. (vgl. Robert Bosch Stiftung 2013:252)

Walkenhorst führt zu diesem Thema, es sei ein Bedarf an akademischen Ausbildungen im Gesundheitsbereich durch sich verändernde Gesellschaftsstrukturen sowie den daraus resultierenden Versorgungsbedürfnissen zu erwarten. Diese bringen neue Versorgungsstrukturen hervor in Form von näGb. Hinzu kommen eine höhere Komplexität und neue Aufgabenverteilungen. Diese Entwicklung gehe nicht nur mit einer quantitativen Erhöhung des Gesundheitspersonals einher, sondern bedürfe auch einer qualitativen Veränderung der Profile des Gesundheitspersonals. Komplexe Aufgabenbereiche wie Pflege, Therapie und Geburtshilfe sollten daher zukünftig an Hochschulen gelehrt werden. (vgl. Walkenhorst 2013:1)

Rothenburg führt hierzu aus, dass es zu einer Qualitätsverbesserung in der Gesundheitsversorgung, gerade bei chronisch Kranken käme, wenn die Instrumentarien in dem Gesetz zur Umsetzung der Gesundheitsreformen für alle Gesundheitsberufsgruppen von praktischer Bedeutung wären. Die Einführung von strukturierten Programmen, sogenannten Disease-Management-Programmen sei hierzu geeignet.

So wäre etwa bei chronischen Erkrankungen der Krankheitsverlauf durch Eigeninitiative beeinflussbar (§§ 137 f, 137 g SGB V). Diese Programme könnten von ärztlichen und nichtärztlichen Leistungserbringern gemeinsam koordiniert werden. (vgl. Rothenburg 2005:2)

Höppner und Kuhlmey bemerken dazu, um den Hausarzt zu unterstützen, ist das Berufsbild des Praxisunterstützers geschaffen worden. Hierbei geht es in erster Linie um die Versorgung von chronisch Kranken und älteren Patienten. Die Praxisunterstützer führen eigene Sprechstunden durch und nehmen Aufgaben im Bereich der Beratung, Prävention und des Monitorings wahr. Ihr Einsatz führt primär zu einer Verbesserung der Versorgungsqualität und zu einer Reduktion der ärztlichen Arbeitsbelastung. (vgl. Höppner & Kuhlmey 2009:12)

Wienke und Becker sehen die Weiterentwicklung von ambulanten multiprofessionellen Teams, des Case Managements und hochspezialisierten Teams im Krankenhaus als sinnvoll an. Damit könnten Ziele erreicht werden wie Qualitätseffektivität, Erhöhung der Qualität und Effektivität der Patientenversorgung, Kosteneffektivität, Verringerung der Versorgungsdefizite, Kooperationsverbesserung, intakte Kommunikation, flache Teamstrukturen und Entkopplung hierarchischer Befugnisse. Es könne auch eine Abmilderung der Morbiditätslast vom sozio-ökonomischen System erreicht werden. Die Neuverteilung von Aufgaben zwischen den nichtärztlichen Gesundheitsberufen müsse immer von einer Reform der Berufsausbildung begleitet werden. Es sollte mit kleinen Schritten begonnen werden, wie der Delegation von ärztlichen Aufgaben. Danach könnten regionale Modellprojekte des Professionen-Mix umgesetzt werden, und erst im dritten Schritt würde die breite Einführung folgen. (vgl. Wienke & Becker 2007:2)

Höppner und Kuhlmey verweisen in Bezug auf die Qualitätsverbesserung auf die neue Weiterbildung von Gesundheits- und Pflegekräften zu Chirurgie- oder Gefäßassistenten. Die Aufgaben könnten mit hoher Prozessroutine erledigt werden, die sich bei wechselnden Assistenzärzten nicht einstellen würde. Hierdurch könnten Kosten gesenkt und bessere medizinische Ergebnisse erzielt werden, wie die Autoren auf Diegeler et al. 2006 verweisend, ausführen. Die Konzentration auf einige wenige Tätigkeiten könnten die Routinen und die Versorgungsqualität verbessern. (vgl. Höppner & Kuhlmey 2009:8)

Auch Wienke und Becker sind der Ansicht, dass es zur Spezialisierung kommen müsste, um Vorteile wie Arbeitsentlastung, das Umgehen personeller Engpässe, Kostenreduktion oder neue Karrieremöglichkeiten zu schaffen. Allerdings sehen sie auch Nachteile: in der Entstehung neuer Schnittstellen, Rechtsunsicherheiten und dem Verlust von Erfahrungen. Es sei zweckmäßig, Poolkompetenzen einzuführen, um einer Gruppe von Gesundheitsberufen Tätigkeitsausführungen zu ermöglichen. Die Berufs- und Weiterbildungen sollten diesen Poolkompetenzen entsprechen. Kernkompetenzen müssten neu vergeben werden, und es sollte angestrebt werden, sämtliche Kern- und Poolkompetenzen der verschiedenen Gesundheitsberufe neu zu definieren. Weiter sollten medizinische Fakultäten und Universitäten für die neuen Gesundheitsberufe Verantwortung übernehmen. Aber auch nicht jede Tätigkeit erfordere den Einsatz einer akademisch ausgebildeten Fachkraft. Berufsausweise für nichtärztliche Gesundheitsberufe zur Sicherung der Qualität sowie interprofessionelle Leitlinien für alle Gesundheitsberufe seien gefordert. Es müsse eine Modernisierung der Definition des Heilkundebegriffs geben, wobei die Aufnahme von Präventionsaufgaben erforderlich sei. Auch die Einführung neuer Berufsbezeichnungen, ohne die hierarchische Position der Ärzte zum Ausdruck zu bringen, wird als sinnvoll angesehen. Die Hierarchiestufe des Arztes sollte aus der Gesundheitsversorgung entfernt werden. (vgl. Wienke & Becker 2007:2)

### 3.2.2 Bedeutung des Einsatzes nichtärztlicher Gesundheitsberufe für den Patienten

Höppner und Kuhlmey finden es wichtig, zu berücksichtigen, wie Patienten auf eine Aufgabenneuverteilung im Rahmen der Entwicklung von nichtärztlichen Gesundheitsberufen reagieren werden. Studien ergaben bei einer hypothetischen Befragung, dass ca. ein Drittel (36 % von 1454 Befragten) die Weitergabe von ärztlichen Aufgaben an speziell weitergebildete Pflegekräfte oder medizinische Fachangestellte ablehnen. Vorstellen könnten sich diese neue Aufgabenverteilung bei leichten Erkrankungen 51 % und bei Folgerezepten 72 % der Befragten. Zwei Drittel der Befragten würden bei chronischen Erkrankungen, Beratungen oder Erstmedikationen nur einen Arzt konsultieren. Internationale Befragungsergebnisse zeigen, dass Vorbehalte abgebaut werden können. In diesem Zusammenhang sind Patienten bereit, im Tausch gegen verkürzte Wartezeiten und längere Konsultationszeiten eine weitergebildete Pflegekraft (practice nurse) aufzusuchen. Es ist dem Patienten bei der Ausgestaltung der Rahmenbedingungen eine enge Kooperation und räumliche Nähe zum Arzt wichtig. Die weitergebildete Fachkraft sei mit weitreichenden Befugnissen auszustatten, aber auch die Wahlmöglichkeit zwischen beiden Konsultationsformen (Arzt oder Fachkraft) sei sehr wichtig. (vgl. Höppner & Kuhlmey 2009:12)

Höppner und Kuhlmey führen weiter aus, dass die Zukunft in einem multiprofessionellen Versorgungsteam liegen würde, welches eine wohnortnahe medizinische Versorgung relevanter Berufsgruppen ambulant unter einem Dach realisieren könne. Hierzu würden Physiotherapeuten, Ernährungsberater und Psychotherapeuten gehören. Gemeinsame Strukturen und kurze Kommunikationswege sind hier die Vorteile. Es würde denkbar sein, solche Teams in Medizinischen Versorgungszentren unterzubringen. In der Pflege bestünde bei Anwendung des Pflegeweiterentwicklungsgesetzes die Möglichkeit, in einem Modellversuch Pflegekräften ärztliche Aufgaben zu übertragen. Vorbehalte gegen diese Neuerungen sollten zugunsten der Patientenversorgung aufgegeben werden. (vgl. Höppner & Kuhlmey 2009:13)

Die RBS verweist auf die Auswirkungen des demografischen Wandels auf das Arbeitskräfteangebot bei den Gesundheitsberufen, besonders bei den Pflegeberufen und im medizinischen Bereich. Es ist ein Arbeitskräftemangel bis zum Jahr 2020 zu befürchten, welcher durch deutsche Fachkräfte nicht mehr ausgeglichen werden kann. Das Problem zeigt sich bereits bei der Gewinnung von Auszubildenden für Pflegeberufe. Eine annähernde Deckung des steigenden Bedarfs kann nur über die Attraktivitätssteigerung der Ausbildung und des Berufsbilds der Gesundheitsberufe erreicht werden. Dabei muss die Quantität und Qualität bei der Bedarfsdeckung in den Gesundheitsberufen berücksichtigt werden, wobei die Anforderungen aufgrund der Komplexität steigen, in einem hohen Maße mehr Verantwortung getragen werden muss und sich neue Aufgaben- und Tätigkeitsfelder im Gesundheits- und im Pflegebereich entwickeln. (Görres & Böckler 2004, vgl. Robert Bosch Stiftung 2013:37)

Höppner und Kuhlmey verweisen auf das Berufsbild des „Praxisunterstützers", das geschaffen worden sei, um den Hausarzt zu entlasten. Bei Praxisunterstützern handelt es sich um näGb wie Pflegekräfte oder Arzthelfer mit Fachhochschulabschluss, deren Aufgabe die Versorgung von chronischen Kranken und älteren Patienten ist. Sie führen eigene Sprechstunden durch und übernehmen Aufgaben in der Beratung, Prävention und im Monitoring. Der Einsatz der

Praxisunterstützer führe primär zu einer Verbesserung der Versorgungsqualität und zu einer Reduktion der ärztlichen Arbeitsbelastung. (vgl. Höppner & Kuhlmey 2009:12)

Schmidt berichtet von der Möglichkeit, an der Hochschule für Gesundheit (HSG) in Bochum Ergotherapie, Hebammenkunde, Logopädie, Pflege und Physiotherapie zu studieren. Neu sei an der Ausbildung an der HSG die akademische Ausbildung von drei bis vier Jahren, die mit Kooperationspartnern der Praxis erfolgt, bei denen die Skill-Labs einbezogen werden. Dies seien Labore, in denen die Handhabung von Geräten, aber auch die Behandlung von Menschen (zunächst mit komplexen Puppen) trainiert werde. Die Rektorin Dr. Anne Friedrichs der HSG stellte klar, dass durch die Akademisierung der Gesundheitsberufe ein Beitrag geleistet werden könne, dem Fachkräftemangel im Gesundheitswesen entgegenzuwirken. Das Studium mache die Berufe für einige interessanter, verbessere aber vor allem die Qualität im Gesundheitswesen. (vgl. Schmidt 2012)

Die RBS führt zu diesem Thema aus, dass rechtliche Neugestaltungen der Notwendigkeit zur Schaffung von Fachpersonal in den Gesundheitsberufen Rechnung tragen. Hiermit entsteht die Chance, einem Mangel an Fachpersonen durch eine Verbreiterung der Qualifikationen und Kompetenzen bei den Gesundheitsberufen zu begegnen. (vgl. Robert Bosch Stiftung 2013:252)

Höppner und Kuhlmey zeigen, wie es im stationären Bereich in der letzten Zeit zur Aufgabenneuverteilung zwischen Gesundheitsberufen gekommen ist. So übernehmen Chirurgie-Assistenten, Ärzte und Servicekräfte Aufgaben der Gesundheits- und Krankenpflege, um den Personalmangel aufzufangen. (vgl. Höppner & Kuhlmey 2009:7)

Die RBS weist darauf hin, dass neue häusliche Versorgungskonzepte bereits krankenhaustypische Dienstleistungen anbieten. So kann eine 24-Stunden-Überwachung (Virtual

Hospital) die Pflege beatmungspflichtiger Patienten übernehmen. Die ärztliche oder pflegerische Visite wird von telemedizinischen Anwendungen ausgeführt, die helfen, den Personalbedarf zu reduzieren. Ambulante und stationäre Pflegeanbieter schließen sich immer mehr zu virtuellen Unternehmensformen mit medizinisch-pflegerischen, hauswirtschaftlichen und sonstigen Dienstleistungen zusammen. Auch Seelsorge, psychische Versorgung, Krankengymnastik und Freizeitplanung gehören zu den Angeboten. (vgl. Robert Bosch Stiftung 2013:21–22)

Die RBS sieht in telemedizinischen Konsultationspraxen die Möglichkeit der Versorgung in Form von Telekonsultation – als eine Art interaktives, multimediales Call-Center – oder Tele-Monitoring des Patienten. Damit gelänge es, die ambulante Versorgung zu erweitern und die kostenintensive stationäre Betreuung weiter einzuschränken. Somit würden traditionelle Arztpraxen durch Diagnose- und Therapiezentren ersetzt werden können. Es haben sich schon in ähnlicher Weise Medizinische Versorgungszentren (MVZ) etabliert. Expertensysteme sollten dazu die Weiterentwicklung von Hausarztmodellen zu einer Gatekeeper-Funktion übernehmen. Weiter führt die Entwicklung der minimal- und nichtinvasiven Medizintechnik, ergänzt durch neue Präparate, zu einer Verkürzung von Heilungsprozessen und Reduzierung der Verweildauer. Nicht-stationäre Versorgungskonzepte vervollkommnen diese Entwicklung. Die Folge sei die Einsparung von stationären Versorgungskapazitäten in großem Umfang. (vgl. Robert Bosch Stiftung 2013:26–27)

# 4. Konzepte und Einsparungspotentiale einer nachhaltigen Versorgung

In Kapitel 4.1 werden alternative Versorgungskonzepte vorgestellt, die der Verbesserung der Gesundheits- und Pflegeleistungen in Deutschland dienen können. Es soll erörtert werden, inwieweit diese Konzepte integrationsfähig sind, welche Probleme es bei der Einführung geben kann, welche Auswirkungen sie auf die Versorgungslandschaft haben und wie sie von den Patienten wahrgenommen werden. Es wurden innovative Versorgungskonzepte ausgewählt, die sich besonders, sofern die rechtlichen Grundlagen geschaffen werden, zur Integration nichtärztlicher Gesundheitsberufe eignen.

In Kapitel 4.2 wird es um ökonomische Aspekte gehen. Es werden Einsparungspotentiale durch den Einsatz effizienter Instrumente und Prozesse zur betriebswirtschaftlichen Optimierung aufgezeigt. Die vorgestellten Instrumente zur Analyse und Optimierung des Prozessmanagements stehen stellvertretend für weitere betriebswirtschaftliche Ansätze im Gesundheitswesen.

## 4.1 Alternative Versorgungskonzepte

In diesem Abschnitt werden vier ausgewählte alternative Versorgungskonzepte vorgestellt. Das AGnES-Konzept und die Advanced Nursing Practice zielen in eine vergleichbare Richtung, wobei AGnES in Deutschland bereits als Modellvariante erprobt wird. Das Konzept des Case Managements wurde bereits eingeführt, bedarf aufgrund seiner Komplexität jedoch einer längerfristigen Integrationsphase. Ebenfalls eingeführt in die Versorgungslandschaft wurden Medizinische Versorgungszentren.

Bei der Integration alternativer Versorgungskonzepte in die historisch gewachsenen Strukturen des Gesundheits- und Pflegebereichs ist es – unabhängig von der gewählten Konzeptvariante – in jedem Fall erforderlich, die bestehenden Netzwerke fortzuentwickeln. In Kapitel 4.1.4 wird das Thema der Fortentwicklung von Netzwerken im Kontext neuer Versorgungsformen mit Blick auf eine Veröffentlichung von Kurscheid und Rittmeier (2013) näher besprochen.

### 4.1.1 AGnES-Konzept

Beim AGnES-Konzept handelt es sich um Delegation und Teilung von medizinischen Aufgaben in der hausärztlichen Versorgung von Patienten. Hierbei kommen qualifizierte Mitarbeiter aus den näGb zum Einsatz. In Gebieten mit hausärztlicher Unterversorgung kann AGnES dazu beitragen, die Tätigkeit des Hausarztes zu ergänzen und ihn zu entlasten, wodurch er eine größere Region und mehr Patienten betreuen kann.

Van den Berg et al. beschreiben das AGnES-Konzept als arztentlastende, gemeindenahe, EHealth-gestützte, systemische Intervention. Es dient der Unterstützung der Hausärzte in medizinisch unterversorgten Regionen, indem ärztliche Leistungen delegiert werden und qualifizierte Mitarbeiter des Praxisteams – Pflegekräfte, medizinische Fachangestellte und Arzthelfer – bei Hausbesuchen zum Einsatz kommen. Durch AGnES kann eine größere Region mit einem weitreichenderen Patientenstamm versorgt werden.

Van den Berg et al. erläutern, dass die Hausärzte die von AGnES-Fachkräften zu betreuenden Patienten auswählen und die Frequenz der Betreuung, die Verteilung der Patienten auf die AGnES-Fachkräfte und deren Tätigkeiten festlegen. Patientendaten werden von einer eigens entwickelten Projektdokumentationssoftware standardisiert und dokumentiert.

Zu den Tätigkeitsbereichen der Fachkräfte gehören die Erhebung diagnostischer Parameter wie Blutdruck und Blutzuckermessungen, die Beurteilung körperlicher und psychischer Gesundheitszustände der Patienten sowie die Dokumentation von Krankheitssymptomen und medizinischen Ereignissen wie Stürzen, Unfällen und Änderungen im sozialen Umfeld. Weiter gehören zum Tätigkeitsbereich der AGnES-Fachkräfte die Beratung sowie die Erbringung medizinischer Leistungen wie Blutentnahme, Injektionen, Wund- und Dekubitus-Behandlungen. So werden die Tätigkeiten in verschiedene Teilbereiche unterteilt: zum einen in den Grundleistungskomplex mit Beurteilung und Beratung des Patienten sowie zum anderen in den indikationsspezifischen Komplex mit geriatrischem Assessment, wie die Beurteilung kognitiver, physischer, psychischer und sozialer Fähigkeiten, Ressourcen und Defizite des Patienten. Weitere Bereiche können die Palliativmedizin und das Medikamentenmodul sein. Letzteres bezieht sich auf die Erfassung von Nebenwirkungen und die Optimierung der Medikation. Sturzprävention ist ein weiterer Teilbereich, in dem eine Befragung des Patienten zu Stürzen durchgeführt wird. In diesem Zusammenhang erfolgt eine Beratung zur Prävention. Die persönliche Betreuung wird im AGnES-Konzept bei Bedarf ergänzt durch das sogenannte Tele-Care, also die Fern-Kontrolle und -Überwachung der Körperfunktionen des Patienten und Wartung der dazu notwendigen Geräte. (vgl. van den Berg 2010:287–288)

Weiter führt der Autor aus, dass AGnES-Modellprojekte, u. a. in Mecklenburg-Vorpommern, Sachsen und Sachsen-Anhalt, seit 2005 durchgeführt wurden. Jedes Modellprojekt hatte unterschiedliche Schwerpunkte und Finanzierungen, wobei insgesamt 1424 Patienten an den Projekten teilgenommen haben. Die Teilnehmenden waren größtenteils multimorbide und teilweise mobile Patienten, deren Durchschnittsalter bei 78,6 Jahren lag. 99 % der Patienten waren, wie van den

Berg et al. herausfanden, der Meinung, dass die AGnES-Fachkräfte kompetente Ansprechpartner bei Gesundheitsfragen waren. 88 % der Hausärzte gaben an, dass der Einsatz von AGnES-Fachkräften sich positiv auf die Compliance ausgewirkt hat, und 90 % der Hausärzte empfanden den Einsatz von AGnES-Fachkräften als entlastend für ihre Tätigkeit. (van den Berg 2010:286)

Zur Ausbildung von AGnES-Kräften wurde ein modulares Curriculum entwickelt. Dieses ist als Weiterbildung für Mitarbeiter in der Gesundheits- und Krankenpflege sowie medizinische Fachangestellte konzipiert und umfasst 600 Theorie- und 200 Praktikumsstunden. (vgl. Höppner & Kuhlmey 2009:11)

Die Delegation von ärztlichen Leistungen ist in berufs- und sozialversicherungsrechtlichen Vorschriften grundsätzlich geregelt und findet bereits im stationären und ambulanten Bereich Anwendung. Van den Berg et al. verweisen auf aktuelle Stellungnahmen der Bundesärztekammer und der Kassenärztlichen Bundesvereinigung, wodurch die Delegationsfähigkeit von ärztlichen Leistungen im juristischen Sinne weiter vorangetrieben werden konnte. So können aufgrund der gesetzlichen Regelung im Pflegerechtsweiterentwicklungsgesetz (§ 87 Abs. 2b S. 5 SGB V) Hausbesuche an entsprechend qualifizierte nichtärztliche Mitarbeiter delegiert werden. Ausnahmen seien akute, von der Fachkraft nicht beherrschbare Gefahren, bei denen diese Regelung keine Anwendung finden könne. Der Bewertungsausschuss, bestehend aus Vertretern der Bundesärztekammer und der Kassenärztlichen Vereinigung, hatte vom Gesetzgeber durch das Pflegeweiterentwicklungsgesetz den Auftrag erhalten, bis zum 31.10.2008 mit Wirkung zum 01.01.2009 eine Regelung zu treffen, ärztlich angeordnete Hilfeleistungen nach § 28 Abs. 1 S. 1 SGB V vergüten zu können. Der Bewertungsausschuss habe daraufhin mit Wirkung zum 01.04.2009 durch die

Gebührenneuregelungen 40870 und 40872 entsprechende Kostenpauschalen eingeführt. Voraussetzung ist, dass nur Tätigkeiten ausgeführt werden, die vom Arzt angeordnet wurden. Weitere Bedingungen sind die ausreichende Überwachung nichtärztlicher Praxismitarbeiter durch den Arzt und dessen ständige Erreichbarkeit während der Behandlung. (vgl. van den Berg 2010:290)

Mit Blick auf die Fragestellungen der Arbeit ist das AGnES-Konzept aus folgenden Gründen interessant: effektiver Arbeitszeitgewinn des Hausarztes, der in ambulante Praxistätigkeit investiert werden kann. Dadurch kann eine Erhöhung der Umsätze erreicht werden. Fahrtkosten sowie Fahrtzeiten des Arztes entfallen. Die daraus erzielten Umsatzsteigerungen könnten die Lohnkosten der AGnES-Fachkräfte egalisieren oder auch Umsatzsteigerungen erwirtschaften. Dennoch vergrößern sich der Versorgungsradius sowie die Anzahl der zu betreuenden Patienten. (vgl. van den Berg 2010:289)

### 4.1.2 *Advanced Nursing Practice*

Das Konzept der Advanced Nursing Practice (ANP) stellt ein erweitertes Tätigkeitsspektrum für Pflegekräfte in den Vordergrund. Auf der Grundlage von Qualifizierungsmaßnahmen und der Akademisierung des Berufes soll durch eine Kompetenz- und Bereichserweiterung eine andere Aufgabenteilung zwischen Ärzten und Pflegekräften realisiert werden. Ziel ist die Integration von bestimmten ärztlichen Tätigkeiten, die vom Pflegepersonal ausgeführt werden können, in den Pflegealltag.

Genge et al. vertreten die Position, dass eine erweiterte Pflegepraxis wie die ANP immer noch eine Ausnahme in Deutschland darstellt. Pflegende müssten jedoch heute ihre alte Rolle als Wärter ablegen und sich stattdessen als Pflegeexperten und Mitglied in multidisziplinären medizinischen

Teams begreifen. Weiter führen sie aus, dass die Pflegeforschung immer neue Forschungsergebnisse produziere, diese aber in der Praxis nicht umgesetzt werden würden. Zwar ließe sich in den letzten Jahren eine Optimierung personeller Ressourcen im Pflegeberuf erkennen, doch müssten Kompetenzen von Grund auf den neuesten Anforderungen angepasst werden. Die Erweiterung der Kompetenz und flexible Berufsausbildungswege seien richtungsweisend für die Zukunft. Damit könnten sich die Pflegefachkräfte den verändernden Anforderungen selbst flexibler anpassen. Die Notwendigkeit dazu sei durch den demografischen Wandel gegeben. Breit angelegte Forschungsarbeiten zu nichtärztlichen Heilberufen zeigen deren großes Potenzial für die Versorgung von chronisch kranken Patienten auf. (vgl. Genge, Thissen & Schulz 2013:247–249)

Der Berufsverband für Pflegeberufe e. V. (DBfK) führt zu diesem Thema aus, die ANP habe sich in weiten Teilen West- und Nordeuropas bereits etabliert. Der Bedarf bestünde aufgrund von Personalmangel im ärztlichen Bereich, Fachkräftemangel und ungleichmäßiger Verteilung von Fachkräften sowie ungenügender Spezialisierung im Bereich der Pflege. Zur gebotenen optimalen Nutzung der vorhandenen Fähigkeiten des Pflegepersonals müsse eine klare Definition des veränderten Berufsbildes vorliegen und dessen Kommunikation erfolgen. Der DBfK hat dazu ein Positionspapier mit Berufsverbänden aus der Schweiz und Österreich erarbeitet. Für Pflegeexperten im Sinne der ANP zeichnen sich drei Charakteristiken ab: erstens die Spezialisierung auf Fachgebiete wie chronische Erkrankungen, Kardiologie, Gerontopsychiatrie, Onkologie oder Endokrinologie und zweitens die Erweiterung der beruflichen Kompetenzen entsprechend den Bedürfnissen der Patientengruppen. Durch die Weiterentwicklung von Patientenbedürfnissen entwickeln sich auch die Gesundheitsberufe weiter. Es müsse zu einer Kompetenzerweiterung der näGb kommen durch Aufgaben, die neue Bildungs-, Erziehungs- und Beratungsstrategien beinhalten und interdisziplinäres Handeln fördern. Drittes Charakteristikum sei der Fortschritt, der sich aus der Spezialisierung und Erweiterung ergeben würde. (s. Abb. 1) Neben Qualitätssicherung sollen neueste Forschungsergebnisse in die klinische Praxis eingebracht werden. (vgl. Deutscher Berufsverband für Pflegeberufe e. V. – Bundesverband 2013:10–11)

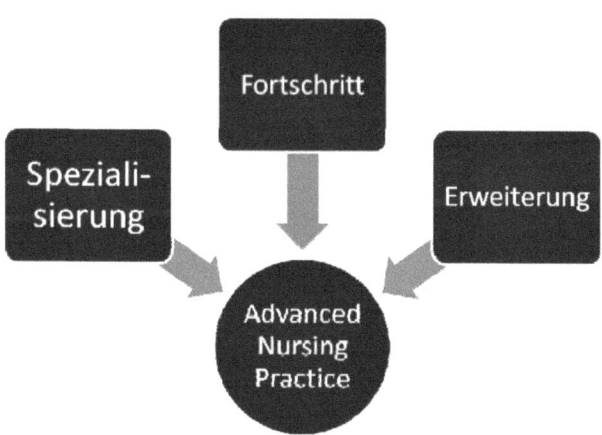

*Abbildung 1: Charakteristika der Advanced Nursing Practice (Deutscher Berufsverband für Pflegeberufe e. V. – Bundesverband 2013:11)*

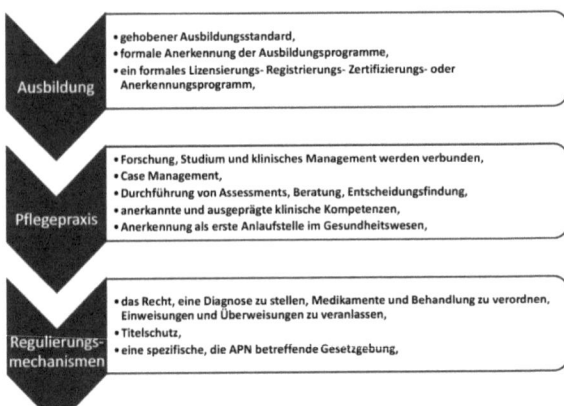

*Abbildung 2: Merkmale der Advanced Nursing Practice
(Deutscher Berufsverband für Pflegeberufe e. V. –
Bundesverband 2013:12)*

Der DBfK erläutert erste Ansätze der Entwicklung der ANP nach internationalem Vorbild: Es sind in der Münchner Erklärung im Jahr 2000 die Behörden durch den DBfK aufgefordert worden, Maßnahmen zur Stärkung des Pflege- und Hebammenwesens zu beschleunigen; Politiker sollten hierbei finanzielle Anreize und bessere Laufbahnmöglichkeiten für diese nichtärztlichen Gesundheitsberufe schaffen. Diesen Berufen komme, so der DBfK, zukünftig eine Schlüsselrolle bei der Prävention und Gesundheitsförderung zu. Der Sachverständigenrat zur Begutachtung der Entwicklung im Gesundheitswesen (SVR) empfiehlt ferner eine Tätigkeitsübertragung und größere Handlungsautonomie für diese Berufe, um die Qualität der Versorgung aufrechtzuerhalten und zu verbessern. Das Spektrum der Pflegeberufe müsse auf alle Pflegestrategien ausgeweitet werden, einschließlich der palliativen

Betreuung. So könne eine Verbesserung der Schnittstelle zwischen ambulanter und stationärer Versorgung ermöglicht werden. Mittlerweile vermittelten Pflegestudiengänge entsprechendes Wissen und trügen es in den Praxisalltag. In den Krankenhäusern komme es bereits zu einer Ausweitung der pflegerischen Tätigkeiten. (vgl. Deutscher Berufsverband für Pflegeberufe e. V. – Bundesverband 2013:16–17)

Der DBfK führt weiter aus, dass die Prognose für die ANP differenziert zu betrachten ist. Die deutsche Krankenversorgung sei nach wie vor vordergründig auf die Akutversorgung ausgerichtet. Die Monopolstellung der Ärzte und die starke Sektorengliederung im Gesundheits- und Pflegebereich seien einer zukunftsorientierten Entwicklung nicht förderlich. Die Handlungsautonomie der Pflegeberufe stehe in Deutschland im internationalen Vergleich stark zurück. Es wäre eine grundlegende Positionierung zur ANP nötig, die eine Anpassung von Arbeitsbedingungen und die Übertragung von neuen Kompetenzen und Verantwortung nach sich zöge. Durch die Verknüpfung von Berufs- und Sozialrecht könne sich die Attraktivität des Pflegeberufes verbessern und internationalem Niveau anpassen. Die Aufgabe des DBfK würde aus Sicht des Verbrauchers, also des zu Pflegenden, darin bestehen, den Bedarf, die Tätigkeitsfelder und die Kompetenzprofile mit den erforderlichen Qualifikationsansprüchen für Pflegeexperten im Sinne der ANP zu entwickeln. (vgl. Deutscher Berufsverband für Pflegeberufe e. V. – Bundesverband 2013:18)

Hinsichtlich der Schwerpunkte der vorliegenden Arbeit ist insbesondere die Spezialisierung auf Gesundheitsprobleme bestimmter Patientengruppen im Rahmen der ANP von Interesse. Die pflegerische Praxis wird erweitert und führt auch durch Spezialisierung zu Fortschritt. Qualität und Leistung sind mit ärztlicher Arbeit vergleichbar.

Ökonomische Beachtung findet das Konzept aufgrund der Wartezeitverringerung. Kosten werden außerdem gesenkt durch Wegfall oder Verringerung von ärztlichen Beratungsgesprächen, Überweisungsquoten, Wiedereinbestellung sowie ärztlichen Untersuchungen. (Deutscher Berufsverband für Pflegeberufe e. V. – Bundesverband 2013)

### 4.1.3 Case Management

Das Case Management beschäftigt sich mit der Koordinierung von bestimmten Krankheitsfällen über das Spektrum einer medizinischen, sozialen und pflegerischen Versorgung des Patienten. Es soll ein gezieltes Vorgehen erreicht werden durch die spezifische Auswahl der auf den Krankheitsfall zugeschnittenen Behandlungen und pflegerischen Maßnahmen. Beachtung hierbei finden soziale Komponenten und die finanziellen Mittel des Patienten. Die Vernetzung der jeweiligen zuständigen Institutionen zur Steigerung der Versorgungseffektivität steht im Mittelpunkt dieser Prozesse.

Ewers bezeichnet das Case Management (CM) als einen anglo-amerikanischen Lösungsansatz für vielfältige Versorgungsprobleme. Es fänden bereits Diskussionen zu dieser Methode in Bereichen des Sozial- und Gesundheitswesen statt, doch es müsse die Frage beantwortet werden, wie dieses anglo-amerikanische Prinzip Anwendung in der deutschen Kranken- und Pflegeversorgung finden kann. (vgl. Ewers 1996:1)

Thielscher führt aus, das CM könne chronisch erkrankten Menschen mit sozialen Problemen in verschiedensten Bereichen der Lebensführung Hilfe bieten. Medizinische Behandlungen alleine reichten für diese Menschen nicht aus. Für effektive Hilfe müsse sich dem Zusammenhang der Gesamtproblematik des Erkrankten gewidmet werden. Genauer gehe es um den Ausschluss von Fehlversorgungen wie auch von Über- und Unterversorgungen. Ein Gesamtarrangement aus Umfang, Gestaltung und Ablauf der Prozesse bei der

Behandlung von Erkrankungen und deren Folgen mache den Kernpunkt des CM aus. In ambulanten Diensten, bei stationärer Versorgung, in Institutionen des Gesundheits- und Sozialwesens, bei Leistungsträgern und Leistungserbringern müsse CM zur Anwendung kommen. (vgl. Thielscher 2012:506–507)

Ferner sollte CM, lt. Thielscher, genauso vor, während und nach medizinischen Behandlungen zum Einsatz kommen, um die Unterstützung, Begleitung, Förderung und Versorgung der Erkrankten in den Netzen der Sozial- und Gesundheitsstrukturen zu koordinieren. Effektiv und effizient gesteuerte Abläufe für den Betroffenen zu schaffen sei Aufgabe der CM-Programme. In der Sozialarbeit fänden sich die Wurzeln des CM: In den 1970er Jahren seien in den USA im Rahmen der „Enthospitalisierung" psychisch kranke und geistig behinderte Menschen ihrem Schicksal überlassen worden – ohne soziale Absicherung durch Wohnung und Arbeit. Das sei der Anlass für eine Konzeptentwicklung zur Unterstützung und Neuorganisation dieser Menschen gewesen. „Managed care" wurde die spätere Weiterentwicklung dieses Systems getauft, das vom amerikanischen Medizinsystem aufgegriffen wurde. (vgl. Thielscher 2012:506 f.)

Thielscher führt weiter aus, CM-Handlungskonzepte können zur Bearbeitung komplexer Problemlagen entweder bei einer Person oder in einer Familie angewendet werden. Beide Arten würden parallel oder auch unabhängig voneinander vorkommen. CM beinhaltet das humanistische Handeln der Betreuenden im organisierten und strukturierten Ablauf nacheinander und nebeneinander, wobei das Verfahren des CM nicht inhaltlich über Art und Unterstützungsweise auf bestimmte medizinische, pflegerische, psychotherapeutische und soziale Praxen festgelegt ist. Das CM habe das Potenzial, Schnittstellen zwischen Sektoren, Netzwerken und Professionen zu überwinden, Eigennutz von Leistungsträgern und

Erbringern auszuschalten und Leistungen personenzentriert zu gestalten. (vgl. Thielscher 2012:507 f.)

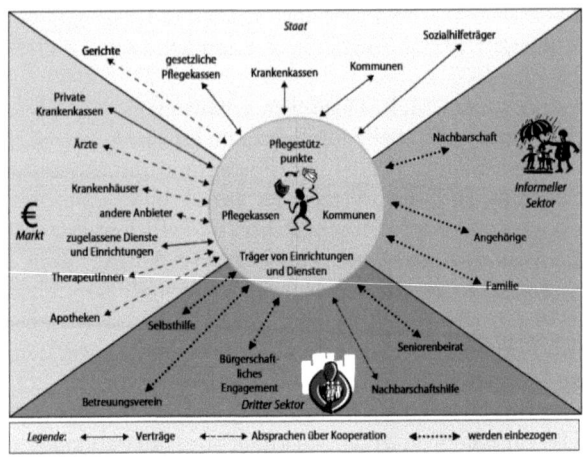

*Abbildung 3: Versorgungssteuerung im Sinne des Case Managements (Klie & Monzer 2008:97)*

Klie und Monzer vertreten die Position, dass mit einem einheitlichen CM auch einheitliche Qualifikationen für die Mitarbeiter dieses Systems einhergehen müssen. Es sei zu unterscheiden zwischen CM-Profis für Organisationen auf territorialer Ebene und der Zusammenarbeit aller Verpflichteten innerhalb komplexer Fallstrukturen. Um die Ausbildungsqualität zu sichern, stünden bereits zertifizierte Ausbildungsgänge der deutschen Gesellschaft für Care und Case Management zur Verfügung. Das Etablieren von CM auf der Fallebene, in Organisationen und in der vernetzten Zusammenarbeit gestalte sich allerdings langwierig und bedürfe großer Sorgfalt. Ebenfalls von besonderer Wichtigkeit sei die Schnittstellenarbeit zwischen Familien, Institutionen, Professionellen und Freiwilligen. (vgl. Klie & Monzer 2008:103–104)

Löcherbach verweist darauf, dass es momentan keine Erhebungen über Abläufe und Verfahren für das CM in Deutschland gibt. Es gebe nur eine Annäherung an den Handlungsansatz über Begriffe wie Vernetzung, Verlinkung, Fallsteuerung und Fallmanagement. Fallmanagement sei mit bestehenden Konzepten verbunden, jedoch erfolge schon eine Umstellung auf CM in der Fallarbeit. Die Systemebene finde aber bislang keine Berücksichtigung. Für eine vollständige Implementierung müsse der Handlungsansatz des CM in die Fall- und Systemsteuerung eingebracht werden. Arbeit mit Klienten, Nutzern, Patienten und Netzwerkarbeitern müsse mehr noch mit den zuständigen Diensten und Einrichtungen vernetzt werden. (vgl. Löcherbach 2013:2–4)

Löcherbach führt verschiedene Autoren und Beispiele für die Anwendung von CM an: Beginnend mit Tophoven (2000) erläutert Löcherbach die Wichtigkeit, das vorhandene Schnittstellenmanagement zwischen ambulanter und stationärer Versorgung zu verbessern, was bislang eher eine Zukunftsoption im medizinischen Sektor sei. Weiter führt Löcherbach ein Referenzbeispiel im Bereich der Sozialpädiatrie an: das Augsburger Nachsorgemodell „Bunter Kreis", das 1994 in Kinderkliniken ein CM für krebs- und schwerstkranke Kinder und deren Familien eingerichtet hat (Porz et al. 2002; Porz & Erhardt 2003). Das psychiatrische Modellprojekt „Verbesserung der Behandlung schwer und chronisch psychisch Kranker" führt Löcherbach als ein weiteres Referenzbeispiel an, das umgesetzt und veröffentlicht wurde unter dem Titel „Psychiatrisches Case Management" (Schleuning & Welschhold 2000). Im Pflegebereich habe sich vor allem ein Trend zur Entwicklung sogenannter „Pathways" gezeigt, also der Erstellung von optimierten Behandlungsabläufen bei bestimmten Patientengruppen (Löcherbach nach Ewers & Schaeffer 2000). CM werde allerdings oft mit Prozessmanagement gleichgesetzt, ohne dass Lebensgestaltungsprozesse und soziale Fragen berücksichtigt würden (Löcherbach nach Wendt 2000) (zu allen Autoren und Beispielen, vgl. Löcherbach 2013:6)

Löcherbach stellt fest, dass derzeit für die Umsetzung des CM drei Tendenzen ersichtlich sind. Erstens das Anschlussmodell, bei dem das CM in die Berufsausbildung mit einer normalen Grundausbildung integriert ist, es allerdings keine spezifischen Weiterbildungen gibt. Die zweite Tendenz ist (nach Löcherbach 2002) das differenzierte Anschlussmodell, bei dem das CM ein spezielles Verfahren ist und einer gezielten, zertifizierten Weiterbildung bedarf. Dieses Modell erscheine in Deutschland am ehesten vorstellbar und umzusetzen. Bei der dritten Tendenz handelt es sich um das Professionalisierungsmodell, wobei das CM ein eigenes Aufgaben- und Berufsfeld ist, wie beispielsweise in den USA der Fall. Diese Tendenz sei in Deutschland aufgrund der Versorgungs- und Professionsstruktur und deren gesetzliche Verankerung nicht umsetzbar. (vgl. Löcherbach 2013:8)

Im Anhang wird eine Auswahl von Case-Management-Institutionen inklusive Internetadressen aufgeführt.

Mit Blick auf die Fragestellung der Arbeit bietet das CM das Potenzial einer zeit- und kostensparenden Vernetzung von medizinischen, pflegerischen und sozialen Einrichtungen. Diese für den Patienten ausgesuchten, wichtigen Institutionen und die Auswahl der richtigen Therapiemaßnahmen werden aus einer Hand, von qualifiziertem näGb-Personal gemanagt. Der möglichst effektive Einsatz der vorhandenen Ressourcen, bei optimaler zeitlicher Koordination und maximaler Versorgung des Patienten bilden hier den Schwerpunkt der Arbeit. Es werden nur die je nach Krankheitszustand notwendigen, medizinischen, sozialen und pflegerischen Maßnahmen durchgeführt. Doppeluntersuchungen und -dokumentationen entfallen. Diese ökonomischen Aspekte entstehen aus der Vernetzung und zielorientierten Bearbeitung des speziellen Krankenfalls. Es werden unnötige Kosten durch Aufsuchen von sozialen Einrichtungen und unnötige Therapien, die nicht indikationsbezogen sind, vermieden.

### 4.1.4 Das Medizinische Versorgungszentrum

Das Medizinische Versorgungszentren (MVZ) ist ein Beispiel für die neuen Versorgungskonzepte, bei denen eine patientenorientiertere Versorgung durch optimale Kommunikation, kurze Wege und fachübergreifende medizinische Kompetenz dargestellt wird. Ein hoher Vernetzungsgrad ist kennzeichnend für diese Versorgungsform. Verschiedene ärztliche und nicht ärztliche Behandlungsangebote werden hier unter einem Dach vereint. Dies bietet einen idealen Ansatz für die Einbringung von Leistungen aus dem Bereich der näGb und wäre ein Beitrag zur Umsetzung von Delegation und Teilung ärztlicher Aufgaben im medizinischen Versorgungsalltag.

Kuhlmann geht in seinen Ausführungen zu Medizinischen Versorgungszentren einleitend auf die Historie der Gesetzesentwürfe ein; am 19.11.2003 ist das Gesetz zur Modernisierung der gesetzlichen Krankenversicherung (GKV-Modernisierungs-Gesetz – GMG) im Bundesgesetzblatt veröffentlicht worden. Am 01.01.2004 ist es in Kraft getreten. Mit dem GMG haben sich für Krankenhäuser neue Möglichkeiten der Teilnahme an der Versorgung der Versicherten eröffnet. Die Neuregelungen im SGB V seien von der Deutschen Krankenhausgesellschaft (DKG) und den Krankenkassen begrüßt worden. Die MVZ sind eine Möglichkeit zur Verzahnung von stationärer und ambulanter Versorgung für die Krankenhäuser (§ 95 SGB V). Sie bieten nach Kuhlmann eine gute Möglichkeit, der ambulanten Unterversorgung zu begegnen (§ 116 a SGB V). Sie können eine bessere Integrationsversorgung (§§ 140 ff. SGB V) gewährleisten, ganz besondere medizinische Leistungen verbessern sowie seltenen Erkrankungen und besonderen Krankheitsverläufen (§ 116 b SGB V) begegnen helfen. Krankenhäuser können zulassungsabhängig oder vertragsbasiert an dieser Erscheinungsform des MVZ teilnehmen, wobei das MVZ laut Definition eine Einrichtung ist, die fachübergreifend ärztlich geleitet wird. Dort tätige Ärzte müssen im Arztregister eingetragen sein und können auch als Angestellte oder Vertragsärzte beschäftigt werden. Zulassungsvoraussetzung ist das fachübergreifende Leistungsspektrum auch mit ambulanter und stationärer Rehabilitation. MVZ nehmen an der vertragsärztlichen Versorgung teil, sind aber nicht darauf beschränkt. (vgl. Kuhlmann 2004:13 ff.)

MVZ konkurrieren primär mit den niedergelassenen Vertragsärzten, so Kuhlmann weiter. Zulassungsausschüsse entscheiden wie bei Vertragsärzten nach Versorgungsbedarf über die Zulassung. Leistungserbringer, die durch Zulassung, Ermächtigung oder Vertrag an der medizinischen Versorgung der Versicherten teilnehmen, kommen als Gründer in Betracht. Geleitet werden muss das MVZ von einem Arzt, dies ist durch den Abschluss von Arbeits- und/oder Kooperationsverträgen sicherzustellen. MVZ können sich aller zulässigen Organisationsformen bedienen (§ 95 Abs. 1 SGB V), also in beliebiger Rechtsform tätig sein. In Betracht kommen privatrechtliche, aber auch öffentlich rechtliche Organisationen. (vgl. Kuhlmann 2004:13 f.)

Amelung und Cornelius führen dazu aus, dass MVZ mit ihren verschwindend geringen Marktanteilen eine untergeordnete Rolle in der Versorgungsrealität spielen. Der unmittelbare Einfluss der MVZ auf das Gesundheitssystem sei jedoch trotzdem wichtig und zu beachten. So sind Ärzte z. B. durch die Abschaffung der Bedarfsplanung bedroht, wobei sich aber auch neue Optionen eröffnen können. Während die Kassenärztliche Vereinigung (KV) befürchten könnte, dass große MVZ sie nicht mehr benötigen, sind diese in ihrer Vielfalt, Originalität, dem Wettbewerbsgedanken und als Geschäftsmodell für innovative Ärzte mit einer Zukunftsvision wichtige Impulsgeber. (vgl. Amelung & Cornelius 2009:23)

Pütz bestätigt, dass es sich nach § 95 Abs. 1 S. 2 SGB V bei einem MVZ um eine fachübergreifende, ärztlich geleitete Einrichtung mit mindestens zwei Fachärzten verschiedener Fachrichtungen handelt, in denen Ärzte als Angestellte oder als Vertragsärzte tätig sind. MVZ würden mit Aufmerksamkeit und Interesse wahrgenommen, zeichneten sich durch eher kurzlebige Strukturen aus und seien somit einem ständigen Wandel unterworfen. Dasselbe treffe auf die Leistungserbringung in diesen Versorgungszentren zu, eine hohe Dynamik sei die Folge von Entfernen oder Hinzunahme von medizinischen Leistungsbereichen. Auch die Abrechnungsvorschriften sowie die Software in MVZ seinen stetiger Veränderung unterworfen. (vgl. Pütz 2010:144–148)

Knieps und Amelung bemerken, dass seit 2004 die Zahl der MVZ-Gründungen ständig und schnell steige. Im Jahr 2009 gab es 1454 MVZ, deren Angestelltenanteil sich deutlich schneller als der des selbstständigen Anteiles erhöht. Trägerschaften stellen zu 49,5 % die Vertragsärzte, Krankenhäuser mit angestellten Ärzten zu 38,1 %. Die Mehrzahl der MVZ werde in Ballungsgebieten gegründet, nur 42 % in ländlichen Gegenden. Führend in der Gründung von MVZ sind Flächenländer wie Bayern und Nordrhein-Westfalen. Es seien unterschiedliche Geschäftsmodelle entwickeln worden, so dass MVZ mithin als Vertragspartner der Krankenkassen, als Anlageobjekt für externe Investoren und als Instrument zur Integration stationärer und ambulanter Versorgung wahrgenommen werden. Die Attraktivität bei Patienten und Ärzten liege auf der Hand: koordinierte

Behandlung von unterschiedlichen Fachärzten und anderen nichtärztlichen Gesundheitsberufen, keine unnötigen Wartezeiten, keine Doppeluntersuchungen, Medikationsfehler aufgrund Mehrfachbehandlung sowie Reibungsverluste unter den Behandlern. Patienten werden im Optimalfall nach ganzheitlicher, kontinuierlicher medizinischer Betreuung durch zielgerichteten Mitteleinsatz knapper Ressourcen ohne Schnittstellenverschwendung versorgt. Dies seien Kriterien, um den Anforderungen der kontinuierlichen Verlagerung der Behandlungsschwerpunkte zu multimorbiden chronisch kranken Patienten gerecht zu werden. (vgl. Knieps & Amelung 2010:18–19)

Knieps und Amelung sehen das MVZ als Instrument, das den Abbau der Unterversorgung und die Bewältigung der Überkapazitäten bei stationärer Versorgung und somit den notwendigen Bettenabbau unterstützt. MVZ seien also wichtige Bindeglieder bei der Verzahnung von stationärer und ambulanter medizinischer Versorgung und die Vorstufe zur integrierten patientenorientierten Gesundheitsversorgung. Indem MVZ die vertikale Integration durch unterschiedliche Versorgungsebenen gleichermaßen wie die horizontale Integration durch den Mediziner realisieren, erfüllen sie die Kriterien einer zukunftsorientierten Gesundheitspolitik. Dies seien zunächst eine patientenorientierte, kontinuierliche Behandlung mit wenigen Schnittstellen und darüber hinaus der damit einhergehende zukunftsorientierte Anspruch an Kommunikation, Koordination, Kooperation und Organisationsvielfalt. (vgl. Knieps 2010:19–21)

Braun erklärt, dass die klassische Regelversorgung der Krankenhäuser und ambulanten Einrichtungen in Konkurrenz zu neuen Versorgungsformen wie dem MVZ steht. Dies ergebe sich aus den sektorenübergreifenden Nahtstellen, vor allem den Selektivverträgen der integrierten Versorgung. Aber auch die MVZ stellen moderne Kooperationsformen für kollektivvertragliche Versorgung und neue Versorgungsstrukturen dar. 2011 gab es 1654 MVZ, wobei Träger zu 43,4 % Vertragsärzte und zu 36,7 % Kliniken waren, wie eine Zählung der Kassenärztlichen Bundesvereinigung ergab. (Braun 2012:86)

Rudolph führt aus, dass MVZ eine Möglichkeit für stationäre Leistungserbringer sind, um im größeren Umfang an der ambulanten Versorgung teilzunehmen. Dies spielt eine entscheidende Rolle in strukturschwachen Regionen, in denen meistens keine Niederlassung einzelner Ärzte stattfindet. Hier profitiere in erster Linie der Patient und hier habe sich das MVZ als neue Organisationsform der ambulanten Leistungserbringung in der Versorgungslandschaft etabliert. Als Vorteile führt Rudolph an: die deutlich verbesserte Versorgung durch fachübergreifende Koordination unter einem Dach, weitere Versorgungsverbesserungen durch längere Sprechzeiten, verkürzte Wartezeiten und reduzierte Doppeluntersuchungen; gesundheitspolitische Vorteile wie höhere Qualität durch engere Verzahnung zwischen haus- und fachärztlicher Versorgung sowie zwischen ambulanter und stationärer Versorgung; und nicht zuletzt die höhere Wirtschaftlichkeit und Möglichkeit zur Kosteneinsparung. (vgl. Rudolph 2013:47–50)

Wesentlich Aspekte der MVZ sind im Rahmen dieser Arbeit die fachübergreifende medizinische Versorgung unter einem Dach. Alleinstellungsmerkmal bei diesem Modell der neuen Versorgungskonzepte ist die zentrale Anlaufstelle für Patienten und die medizinische Fachkommunikation im Hause. Es steht kein Überweisungsmarathon für Patienten zu befürchten, stattdessen die Realisierung von Folgebehandlungen in kurzen Zeitabständen, bei kurzen Wegen.

Ökonomische Bedeutung hat das Modell insbesondere durch die Verzahnung der haus- und fachärztlichen Versorgung sowie die optimierte Schnittstelle zwischen ambulanter und stationärer Versorgung. Am MVZ zeigt sich die besondere Bedeutung der Entwicklung von Netzwerken bei der Einführung neuer Versorgungsformen.

Kurscheid und Rittmeier führen dazu aus, dass mit der Einführung des § 140 a-d SGB V die Möglichkeit geschaffen wurde, neue Versorgungsformen im deutschen Gesundheitssystem zu etablieren, die die Trennung zwischen den Versorgungssektoren aufheben. Hauptmerkmal der neuen medizinischen Versorgungszentren und den sich entwickelnden Netzwerken sei die Vereinigung verschiedener Leistungserbringer. Diese erbringen ihre Leistungen horizontal über diverse Leistungsabschnitte hinweg, aber innerhalb eines Sektors und auch vertikal über einzelne Sektoren hinaus. So biete dieses neue Konzept eine ganzheitliche Sichtweise über die einzelnen Behandlungsschritte des Patienten. Daraus würde sich eine schnittstellenarme Versorgung, Qualitätssteigerung sowie eine Kostensenkung ergeben, so die Autorinnen. Durch gemeinsame Zielsetzung, Zuweisung von Position und Funktion der Leistungserbringer sowie durch eine effektive Kooperation in den Versorgungszentren komme es zur Verschmelzung von funktionaler und sozialer Integration. Um eine effiziente Leistungserbringung zu gewähren, bedürfe es allerdings neben der exakten Koordinierung der Prozesse eine unterstützende, aktuelle Information von Patient und Leistungserbringer. Dann böten diese neuen Versorgungsformen außer der Versorgung bei bestimmten Indikationen auch die Möglichkeit der Versorgung definierter Bevölkerungsgruppen mit gegebenenfalls mehreren Indikationen und damit die Chance des Ausschlusses von Unterversorgung kranker und älterer Patienten oder Überversorgung ansonsten gesunder Versicherter. Die ganzheitliche Sichtweise der Leistungserbringer bei der Versorgung der Patienten rückt die vertikale Integration in den Mittelpunkt, also eine Versorgung über einzelne Sektoren hinweg. (vgl. Kurscheid & Rittmeier 2013:1)

In diesem Zusammenhang können nach Kurscheid und Rittmeier Netzwerke einen außerordentlichen Nutzen darstellen, wenn die Leistungserbringer sich auf gemeinsame Ziele verständigen und berufsgruppen- sowie fachgruppenübergreifend zusammenarbeiten. So könne es gelingen, Transparenz und fließende Übergänge an den Schnittstellen bei gleichzeitig klar definierten Verantwortlichkeiten zu schaffen. Die neuen Versorgungsformen eröffneten damit eine Möglichkeit der optimalen Versorgung des Kranken nach dem Grundsatz der medizinisch-psychosozialen sowie ökonomischen Rationalität. (vgl. Kurscheid & Rittmeier 2013:1–2)

Die vorgestellten Konzepte eignen sich zur Delegation von medizinischen ärztlich en Leistungen an näGb bzw. sehen diese explizit vor. Jedes dieser Konzepte beinhaltet aufgrund des sorgsamen, effizienten und innovativen Umgangs mit vorhandenen Ressourcen ein spezifisches gesundheitsökonomisches Potenzial. Damit berücksichtigen sie in besonderer Weise den demografischen Wandel und die Anforderungen der kommenden medizinischen Versorgungsituation. Die folgende Tabelle fasst die Charakteristika der Konzepte und die impliziten Einsatzmöglichkeiten näGb zusammen:

| Konzept | Charakteristika | Einsatzmöglichkeiten näGb |
|---|---|---|
| AGnES | Delegation ärztlicher Leistungen und somit Aufgabenteilung an näGb zur besseren Versorgung der Patienten und Ressourcengewinnung durch freie Kapazitäten beim Arzt | näGb übernehmen Hausbesuche und führen definierte ärztliche Leistungen am Patienten durch |

| Konzept | Charakteristika | Einsatzmöglichkeiten näGb |
|---|---|---|
| ANP | Kompetenzerweiterung des Pflegepersonals zur Erbringung ausgewählter ärztlicher Leistungen; Akademisierung der Ausbildung | Pflegepersonal aus der gruppe der näGb versorgen Patienten zu Hause oder in Pflegeeinrichtungen |
| Case Management | Vernetzung medizinischer, sozialer und pflegerischer Komponenten eines Krankheitsfalls, dadurch Abbau von Versorgungsschnittstellen | näGb übernehmen die Koordinierung der ambulanten oder stationären Versorgung sowie der Nachsorge bei REHA-Maßnahmen |
| MVZ | Zentrale Anlaufstelle und Koordination der med. Versorgung eines Patienten bei Konzentration verschiedener Fachbereiche | Integration näGb im MVZ als Leistungserbringer, Delegation und Aufgabenteilung von ärztlichen Leistungen |

*Tabelle 6: Charakteristika alternativer Versorgungskonzepte und Einsatzmöglichkeiten näGb*

## 4.2 Einsparungspotenzial durch effiziente Instrumente und Prozesse

Die kontinuierliche Auswertung von Ergebnissen und Prozessen sowie die daraus resultierenden Modifizierungen sind wichtige betriebswirtschaftliche Mechanismen zur ökonomischen Optimierung im sparsamen Umgang mit vorhandenen Ressourcen. Sie sind Instrumente der ökonomischen Optimierung für Praxen und Unternehmen des Gesundheitswesens. In diesem Kapitel werden stellvertretend die Instrumente Balanced Scorecard (BSC) und das Prozessmanagement vorgestellt. Beide Möglichkeiten sind geeignet,

Einsparpotenziale und Abläufe im Versorgungsprozess von gesundheitswirtschaftlichen Institutionen wie Krankenhäusern und ambulanten Arztpraxen aufzuspüren.

## 4.2.1 Balanced Scorecard

Gleich beschreibt den konzeptionellen Neuanfang, der Ende der 1980er Jahre in der betriebswirtschaftlichen Unternehmenssteuerung durch die Verwendung von Kennzahlen vollzogen wurde, damals noch unter dem Begriff Performance Measurement. Nach diesem Konzept der Leistungsmessung und Steuerung werden Kennzahlen verschiedener Dimensionen wie Kosten, Zeit, Qualität, Innovationsfähigkeit und Kundenzufriedenheit gemessen und bewertet. Effektivitäts- und Effizienzpotentiale der Leistungen in unterschiedlichen Bereichen des Unternehmens sollen so aufgespürt und betrachtet werden. Zu diesen Bereichen gehören Organisationseinheiten, Mitarbeiter und Prozesse, welche durch Kennzahlen überwacht werden. Planungs- und Steuerungsabläufe können in der Folge spezifisch und bereichsübergreifend verbessert werden, womit sich eine Leistungsverbesserung in allen Bereichen der Organisation ergibt und mehr leistungsbezogene Prozesse entstehen. (vgl. Gleich 2012:47–49)

Gleich führt weiter aus, dass die Integration des Performance Measurement die wichtigste Aufgabe der Entwicklung von strategischen Planungen ist. Der Fokus liegt auf der Bewertung der Zielerreichung in der Organisation. Folgende Kernpunkte beinhaltet das Performance Measurement: die strategische und die operative Planung und Steuerung, das Setzen von Leistungsanreizen durch definierte Leistungsvorgaben sowie die Identifikation und Messung der Leistung. Wichtigster Punkt und notwendig zur Modifizierung des Kennzahlensets sei der Kennzahlenaufbau und die Kennzahlpflege. Aufgrund dieser Spezifik haben sich seit Anwendung des Performance Measurement Einsatzmöglichkeiten in den unterschiedlichsten Bereichen gebildet. Es ist ein wichtiges Instrument, um kontinuierlich Neugestaltungen und Umbildungen von Unternehmen zu steuern. Besonders etabliert hat sich die Balanced Scorecard (BSC). (u. a. Kaplan & Norton 1997) Kaplan und Norton, die Entwickler dieses Instrumentes, führten die BSC erstmals in den 1990er Jahren mit Bezug auf das Gesamtunternehmen ein. Inzwischen gibt es zahlreiche Anpassungsformen. Bereiche für den Einsatz von Kennzahlen sind beispielsweise das Beschaffungs-, Innovations- oder das Nachhaltigkeitsmanagement. (vgl. Gleich 2012:49 f.)

Gleich führt weiter aus, dass die BSC als einziges Konzept drei wichtige Kriterien berücksichtigt: die Anbindung an Vision und Strategie, das Anreizpaket und das Reporting. In der Differenzierung der Leistungsebenen, beim Kennzahlenaufbau und bei der Kennzahlenpflege sowie bei der Darstellung der Messmodalitäten würden allerdings Schwachpunkte liegen. Dennoch liegt in diesem Konzept das höchste Potential des ganzheitlichen Performance-Measurement-Systems. (vgl. Gleich 2012:55)

Greulich und Ihle sehen die BSC als ein Instrument der obersten Führungsebene einer Organisation. Die BSC mache Visionen und Strategien für alle Mitarbeiter anschaulich und verständlich. Kaplan und Norton erkannten, dass viele Unternehmen in den 1990er Jahren ein Transformations- und Verständnisproblem damit hatten, die Vorstellungen eines Managers seinen Mitarbeitern verständlich zu machen und damit die Umsetzung dieser Vorstellungen zu realisieren. Dieses Top-Down-Problem war dafür verantwortlich, dass Ziele nicht verstanden, verfolgt und somit nicht erreicht wurden. (vgl. Greulich & Ihle 2012:2–4)

Weiter nehmen Greulich und Ihle an, dass mit der BSC ein Instrument existiere, dass die Sichtweise der Organisation und klare Ziele für Mitarbeiter, die Wege zu den Zielen und das Ausmaß des Mitteleinsatzes für die Zielerreichung angibt. Der Zielerreichungsgrad ist messbar. Die BSC ist demnach ein Instrument für die Umsetzung der Unternehmensstrategie, die BSC ist kein Instrument zur Strategieentwicklung. Gesundheitseinrichtungen, wie Krankenhäuser oder Krankenhausabteilungen, haben zur Strategieentwicklung Methoden wie die Umweltanalyse, SWOT-Analyse oder das Unternehmens-Portfolio. Die BSC nimmt strategisch – unter Berücksichtigung der Umwelt – vorhandene Strukturen und Ressourcen in den Blick. Der Unterschied zu anderen betriebswirtschaftlichen Methoden liegt in der perspektivischen Vielfalt, etwa im Gegensatz zur eindimensionalen Finanzierungsoptimierungsbetrachtung. Die BSC berücksichtigt den Einsatz eigener Ressourcen und die Optimierung der Arbeitsabläufe. Daraus resultierend kann sich im Krankenhaus eine verbesserte Patientenzufriedenheit ergeben, womit dem gesellschaftlichen, politischen und trägerrelevanten Auftrag Rechnung getragen wird. (vgl. Greulich & Ihle 2012:2–4)

Greulich und Ihle erläutern die verschiedenen Perspektiven, die über die BSC erfasst werden. Die folgende Abbildung veranschaulicht die Mitarbeiterperspektive:

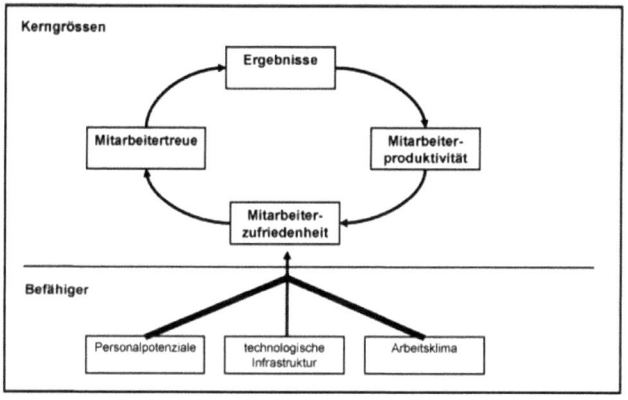

*Abbildung 4: Mitarbeiterperspektive der BSC (Greulich & Ihle 2012:6)*

Wie aus der Darstellung zu ersehen ist, wirken sich die Faktoren Arbeitsklima, technologische Infrastruktur und Personalpotenziale auf die Mitarbeiterzufriedenheit aus. Diese wiederum hat Auswirkung auf die Mitarbeitertreue, die Produktivität der Mitarbeiter und somit auf das Ergebnis des Unternehmens.

Die Prozessperspektive, als nächste zu betrachtende Größe, lenkt die Aufmerksamkeit auf das Prozessmanagement und beeinflusst Abläufe aktiv und zielgerichtet. Ein aktueller Zusammenhang ergibt sich durch die Vergütung der Krankenhäuser mittels DRG-Abrechnungssystem. Die Optimierung der Prozesse und die Verkürzung der Durchlaufzeiten sparen somit Zeit und Geld und erbringen bei Vergütung nach Fallpauschale ein höheres Ergebnis.

Die Kundenperspektive stellt das Feedback der Prozessabläufe dar. Bei strengster Einhaltung der Qualitätsanforderungen und Qualifikationen der Mitarbeiter wird Patientenzufriedenheit erreicht. Die Finanzperspektive ist wiederum stark mit der Kundenperspektive verknüpft. Zufriedene Patienten empfehlen gute Krankenhäuser und dies hat eine direkte Rückwirkung auf das finanzielle Ergebnis. (vgl. Greulich & Ihle 2012:5–8)

Bei der Finanzperspektive geht es zwar immer um Gewinnmaximierung. Doch wie Greulich und Ihle weiter ausführen, setzt die BSC auf langfristige Erfolge. Bei der Ausrichtung wird die Finanzperspektive nicht berücksichtigt, sondern es werden die Erwartungen aller Beteiligten, wie mögliche Aktionäre, Mitarbeiter und Lieferanten, auf langfristige Ansätze und Erfolge ausgerichtet. So wird das Management nicht zu kurzfristigem, hektischen Handeln gezwungen, sondern hat die Chance, ohne Druck ein Zielerreichungssystem aufzubauen. Dieses lässt sich mit Kennzahlen im Soll/Ist-Vergleich zum Lernsystem erweitern. In diesem System geht es um Bedarfserarbeitung von Kenngrößen und die Definition von sinnvollen Sollgrößen. Voraussetzung für diese Entwicklung und die

Optimierung der Operationalisierung des Systems BCS sind ganzheitliche Kommunikation, Diskussion, Verständnis von Begrifflichkeiten und Definitionen in der Organisation und auf allen Ebenen. (vgl. Greulich & Ihle 2012:11)

## *4.2.2 Prozessmanagement*

Prozesse sollten nach Kersting und Hilsenbeck im Sinne von Abläufen verstanden werden, als Abfolge von Aktivitäten bzw. Tätigkeiten eines oder mehrerer Ausführenden, an einem Objekt, mit einem bestimmten Ergebnis, unter Regie eines Verantwortlichen. Diese Abfolge kann mit Fehlerquellen behaftet sein: Dinge können vergessen werden, Arbeiten zwar delegiert, aber nicht ausgeführt werden. Die Definition des Prozesses durch Dokumentation (Festlegung, wer was mit welchen Hilfsmitteln auf welche Weise ausführt), Formulierung von Zielen (z. B. Zeitvorgaben) und Festlegung von Verantwortung (der Prozessschritte/-anteile) kann solche Fehlerquellen minimieren. Die Prozessbeschreibung erlaubt eine bessere Orientierung hinsichtlich der Abläufe, sichert deren Stabilität und stößt gleichzeitig die Entwicklung neuer Umsetzungsverfahren an. So können z. B. Zeiten verkürzt, Arbeiten erleichtert oder weniger Ressourcen eingesetzt werden, bei gleichzeitiger Nutzenmaximierung. Neue Teilprozesse können eingepasst werden und Schnittstellen besser organisiert. Definierte Prozesse machen einzelne Verrichtungen zudem messbar, bewertbar und vergleichbar. (vgl. Kersting & Hilsenbeck 2006:4 ff.)

Im Prozessmanagement wird unterschieden zwischen Effizienz und Effektivität, es werden also einerseits Einsatz und Ergebnis in Relation gesetzt und andererseits wird die Frage gestellt, ob so gearbeitet wurde, dass das gewünschte Ergebnis erreicht wurde? Leitbilder des Unternehmens geben Auskunft über die Zielorientierung von Prozessen. Voraussetzung für die Zielorientierung ist die Einigkeit und Klarheit des Unternehmensauftrages. Beispiele für angestrebte Ergebnisse von

Prozessen können sein: Gewinnerhöhung, Senkung der Infektionsrate oder kürzerer Genesungszeitraum. Zentrales Ziel der Prozessgestaltung sei Transparenz, um alle Beteiligten an der Optimierung zu beteiligen. Es muss also sichtbar gemacht werden, was von wem, mit wem, mit welchen Mitteln, in welcher Zeit, mit welchem Aufwand und mit welcher Fehlerhäufigkeit getan wird. (vgl. Kersting & Hilsenbeck 2006:6–11)

Kersting und Hilsenbeck weisen darauf hin, dass sich Prozesse in unterstützende Prozesse und Kernprozesse unterscheiden lassen. Es kann anhand dieser Unterscheidung analysiert werden, wie unterstützende Prozesse optimiert werden können oder ob sie ggf. entbehrlich sind, um das angestrebte Ergebnis bei Kernprozessen wie Genesung oder Heilung zu erreichen. Daraus leiten sich weitere Fragen mit Blick auf das Thema der Arbeit ab: nach dem Sinn der Organisation von Leistungserbringern im Gesundheitswesen, der Bedeutung der Arbeit für den Patienten und seine Erwartungen. Grundlage der Leistungserbringung sind unterstützende Prozesse, die die Kernprozesse effizienter machen können. Die Verbesserung von kritischen Prozessen – höhere Behandlungsdauer, notwendige Re-Operationen oder Gesundheitszustandsverschlechterung trotz Behandlung – haben den meisten Einfluss auf den Erfolg der Organisation. Durch weitere Prüfung wird herausgearbeitet, ob die Ergebnisse optimiert werden können, beispielsweise durch eine Erhöhung der Mitarbeiterzufriedenheit, oder ob unterstützende Prozesse überflüssig sind, etwa aufgrund der Einführung neuer Medikamente. Im Prozessmanagement werden die zu optimierenden Prozesse erst identifiziert und priorisiert, bevor an geeigneter Stelle interveniert wird. Ansonsten besteht die Gefahr der Fokussierung auf unbedeutende Prozesse, deren Auswirkung am Ende nicht spürbar ist. (vgl. Kersting & Hilsenbeck 2006:11–14)

Zur Prozessbeschreibung wird der Ablauf schriftlich und grafisch festgehalten. So eignen sich nach Kersting und Hilsenbeck besonders übersichtliche Flussdiagramme bei den grafischen Darstellungen als roter Faden der Abläufe. Schnittstellen werden innerhalb des Prozesses in Form von Kriteriendokumenten berücksichtigt. Für Schnittstellenprozesse eignet sich ein sogenannter Steckbrief, in dem die Tätigkeiten an der Schnittstelle und deren Durchführung beschrieben werden. Es werden Prozessverantwortliche benannt, der Prozess dargestellt anhand von Planung, Inhalten und Evaluation. Diese drei Dokumente stellen zusammen die Prozessbeschreibung dar. (vgl. Kersting & Hilsenbeck 2006:16)

Kersting und Hilsenbeck verweisen darauf, dass zur Verbesserung von Prozessen folgende Schritte gehören: Es wird der Ideal-Zustand entworfen, der Ist- und der Soll-Zustand beschrieben, der Prozess überarbeitet und der neue Soll-Zustand festgelegt. Die Umsetzung wird gesichert durch Planung, die Begleitung der Umsetzung und die Überprüfung des Erfolgs. Ein alternatives Vorgehen ist, dass Führungskräfte von Idealvorstellungen ausgehen und einen optimalen Verlauf des Prozesses annehmen. Dann wird ein Ideal-Zustand entworfen, der Ist- und der Soll-Zustand beschrieben. Mögliche Auswirkungen des Prozesses können im „Ursache-Wirkungs-Diagramm" veranschaulicht werden. Dieses Diagramm deckt kritische Stellen auf, was die Erarbeitung von Verbesserungsmöglichkeiten erlaubt. Der Patient sollte hierbei mit einbezogen werden. (vgl. Kersting & Hilsenbeck 2006:20–25)

Kersting und Hilsenbeck haben untersucht, dass Prozessmanagement als Veränderungsmanagement gesehen werden könne, insofern Prozessdenken Umdenken bedeute. Wichtig sei das Offenlegen der Ziele, um Transparenz auf jeder Ebene der Organisation zu vermitteln. Bei Krankenhäusern würden sich Patientenpfade bei der Prozessoptimierung anbieten. Sie beschreiben Behandlungsabläufe von der Aufnahme bis zur Entlassung des Patienten. Entscheidend seien Plan, Patientenerwartung, Qualität und Wirtschaftlichkeit. Auch hier sei entscheidend festzulegen, wer, wann, was, wie, bei und mit wem tut, mit dem Ziel, die Behandlungsabläufe zu straffen. (vgl. Kersting & Hilsenbeck 2006:26–29)

Vera und Kuntz argumentieren mit Blick auf Giatanidis 1998, dass sich prozessorientierte Organisationen widerstandsfähiger gegenüber Kritik erwiesen haben, im Vergleich zu Organisationen, die andere Managementmethoden einsetzen. Diese Vorteile müssten auch für die Krankenhäuser gelten. Trotzdem favorisieren deutsche Krankenhäuser funktionsorientierte Organisationsstrukturen gepaart mit traditionellen Berufsgruppen. Daraus ergeben sich Nachteile für die Prozess- und Patientenorientierung, wo sich entsprechende Schwachpunkte erkennen lassen. (vgl. Vera & Kuntz 2007:174 f.; s. auch Vera 2004:25 ff.)

Vera und Kuntz weisen darauf hin, dass eine Implementierung des Prozessmanagements in deutschen Krankenhäusern vom Patientenversorgungsprozess als zentrales Kernstück ausgeht. Wichtiges Instrument seien die klinischen Behandlungspfade (auf Huttin 1997 und Greiling et al. 2004 verweisend), deren Leitlinien alle notwendigen medizinischen, pflegerischen und administrativen Maßnahmen für optimale Behandlungen nach neuestem Wissensstand vorgeben. Ihre konsequente Umsetzung führt zur Prozessoptimierung, besseren interdisziplinären Abstimmung und Zusammenarbeit der Beteiligten. Somit könnten sie genutzt werden als ein wichtiges Instrument im Prozessmanagement von Krankenhäusern und ambulanten Einrichtungen. Vera und Kuntz folgen damit der Einschätzung von Pearson et al. (2001) und beschreiben die Bildung von medizinischen Zentren als Instrument zur prozessorientierten Gestaltung von Krankenhäusern. Eine Prozessoptimierung ist in Krankenhäusern nur möglich, wenn die Kern- und unterstützenden Prozesse außerdem das Controlling in Form der Prozesskostenrechnung durchlaufen. (vgl. Vera & Kuntz 2007:177–179)

Schilling und Kollmar geben an, dass Prozessmanagement ein effizientes Instrument zur Organisationssteuerung ist. Im Gesundheitswesen könnten Ergebnisqualitäten verbessert werden, wenn Betriebsabläufe Transparenz bieten (beispielsweise die ökonomische Steuerung eines integrativen, interdisziplinären OP-Managements). Aufgrund von erkrankungsspezifischen Kernkompetenzen wäre es möglich, chirurgisch-medizinische Komplikationen frühzeitig zu erkennen. So kann Risikomanagement und Risikominimierung beim Behandlungsablauf im Sinne von optimaler Ergebnisqualität und sekundärer Prozessqualität besser garantiert werden. Ergebnisqualität, die letztlich der entscheidende Ausschlag für Patientenzuweisungen ist, geht immer mit Prozessqualität einher. (vgl. Schilling & Kollmar 2006:87–88)

Siegel und Dreier bekräftigen, dass ein Struktur- und Prozessmanagement die Behandlungsqualität steigere, Verweildauern in Krankenhäusern signifikant verringere und Kosten reduziere. Zur Erlössicherung kann eine adäquate Kodierung entsprechend des CCL (Clinical Complexity Level) beitragen. Die Umsetzung solcher Strukturen sei nur mit abteilungsübergreifender Entscheidungskompetenz ohne sektorale Grenze möglich. Zur optimalen Versorgung der Patienten sollten strukturierte Therapien verfügbar sein, welche die Schulung von Ärzten und Pflegepersonal in verschiedenen Therapiesituationen vorsieht. Strukturierte Therapien wirken bei kritisch kranken Patienten positiv und der Aufwand ist kostengünstig. Beispielsweise könnte Diabetologie zukünftig nicht mehr in einer Abteilung mit der Gastroenterologie oder Kardiologie angesiedelt sein, sondern eigenständig als Dienstleistungszentrum. Nur so könnte, wie die Autoren argumentieren, wirtschaftlich agiert werden, Ausgaben gespart, Ressourcen mobilisiert und somit Erlöse gesichert. (Siegel & Dreyer 2009:486–490)

Durch die in der Arbeit beschriebenen betriebswirtschaftlichen Instrumente können neue Versorgungskonzepte ebenso wie bestehende Praxen und Krankenhäuser in ihren Abläufen überwacht und gegebenenfalls modifiziert werden. Kennzahlen geben Aufschluss über den effektiven Umgang der eingesetzten Ressourcen, bei Anwendung der BSC. Das Prozessmanagement hilft, die Ziele der Organisation wirtschaftlich und inhaltlich umzusetzen.

Die neuen Versorgungskonzepte bieten eine hervorragende Grundlage für die Entwicklung und Integration von näGb. Medizinische, pflegerische und soziale Aspekte können durch neue Versorgungsformen über immer besser entwickelte Netzwerke berücksichtigt werden. Der Schnittstellenabbau zwischen stationärer und ambulanter Versorgung sowie die Delegation und Aufgabenteilung zwischen Ärzten und näGb sind dabei die entscheidenden Kriterien.

Wesentlich für die Entwicklung der Versorgungskonzepte und Versorgungsprozesse sind die sich ständig verbessernden Netzwerke, die eine optimale vertikale und horizontale Sektorenversorgung zum Ziel haben.

# 5. Schlussbetrachtung

In meiner Arbeit habe ich die steigenden Fallzahlen im Gesundheits- und Pflegebereich als Folge des demografischen Wandels und einer älter werdenden Gesellschaft dargestellt und als Herausforderung für den Gesundheits- und Pflegebereich in den nächsten Jahrzehnten beschrieben. Der Einsatz von nichtärztlichen Gesundheitsberufen wurde in diesem Zusammenhang als innovativer Ansatz einer nachhaltigen Patientenversorgung aufgezeigt. Gleichzeit wurden alternative Versorgungsformen vorgestellt, die sich für den Einsatz von näGb unter Beachtung ökonomischer Aspekte eignen. Weiter wurde die Notwendigkeit der Delegation von Aufgaben an näGb und die Aufgabenteilung zwischen Ärzten und näGb aufgezeigt. Dies ist für eine nachhaltige Gesundheitsversorgung aufgrund des Anstiegs von Pflegefallzahlen und Krankenhausfällen, bei dem vorherrschenden Erkrankungsbild eines multimorbiden Patienten, notwendig.

Ausgehend von der jetzigen Versorgungssituation konnte herausgearbeitet werden, dass sich der Versorgungsanspruch in Pflege und Gesundheit um ein Vielfaches erhöhen wird. Der Gesundheits- und Pflegebereich ist aufgefordert, dieser Situation mit innovativen Lösungsmaßnahmen zu begegnen. Auch die Beteiligung von Regierung, Bund und Ländern ist gefragt. Maßnahmen, die durch Modernisierungsgesetze oder Reformen auf den Weg gebracht worden sind, wurden angesprochen. Hierbei ist deutlich geworden, dass diese Maßnahmen möglicherweise nicht ausreichen, den anstehenden Herausforderungen gerecht zu werden.

Die sich in den nächsten Jahren und Jahrzehnten entwickelnden Fallzahlen in der Pflege und im Gesundheitswesen wurden am Beispiel von Krankenhausfällen aufgezeigt. Schwerpunkt sind Krankheiten eines multimorbiden Krankheitsbildes wie Herz-Kreislauferkrankungen, Erkrankungen des Muskel- und Skelettapparates, psychische Alterserkrankungen sowie die Alzheimer-Demenz.

Der Einsatz von näGb stellt, wie ausgeführt wurde, eine von vielen möglichen Innovationen des Gesundheits- und Pflegebereichs dar. Die Integration von näGb sollte begleitet werden von einem Schnittstellenabbau zwischen stationärer und ambulanter Versorgung in Kombination mit der Nutzung alternativer Versorgungsformen, welche in der Arbeit beschrieben wurden.

Weiter wurde der jetzige Stand der näGb analysiert. Es wurde aufgezeigt, welchen Anforderungen diese Berufsgruppen in Zukunft entsprechen müssen. Schwerpunkte bei der Entwicklung von näGb sind die Akademisierung sowie die Teilung von Aufgaben unter ärztlicher Führung. Dieses Zusammenspiel wurde als entscheidende Voraussetzung dargestellt, um ökonomischer und patientenorientierter zu arbeiten. Nur so kann im Hinblick auf den quantitativen Anstieg der Fallzahlen im Gesundheits- und Pflegebereich den Anforderungen entsprochen werden.

Der Wandel von der Versorgungsmedizin zur Präventionsmedizin wurde als erforderlich herausgestellt. Dieser Paradigma-Wechsel erfordert entsprechende Modelle bei Krankenkassen und die Einführung neuer alternativer Versorgungsformen. Wesentlich bei der innovativen Veränderung ist die ökonomische Betrachtung; als hierfür geeignete Instrumente wurden in der Arbeit die Balanced Scorecard und das Prozessmanagement beschrieben.

Die Verzahnung von stationärer und ambulanter Versorgung, der Wechsel von der Versorgungsmedizin zur Präventionsmedizin und die Arbeit am Patienten mit geeigneter Aufgabenteilung und ganzheitlicher Ausrichtung gilt es, wie dargestellt wurde, zeitnah mit allen Beteiligten umzusetzen. Voraussetzung hierfür ist die Transparenz der Prozesse in der Gesundheits- und Pflegeversorgung. Als weitere Eckpfeiler wurden genannt: die Sicherung des Qualitätsstandards verbunden mit der Anwendung des Risikomanagements, die Prozessgestaltung der Abläufe nach den aktuellen Standards und Leitlinien der evidenzbasierten Medizin, sowie eine moderne Personalführung unter Berücksichtigung der Anforderungen des Change Managements (Einhaltung des Top-down-und Bottom-up-Prinzips mit Modifizierung nach Durchlaufen der Ebenen).

Verschiedene Maßnahmen zur Realisierung dieser Voraussetzungen wurden, wie dargestellt, von den Beteiligten auf den Weg gebracht. Wesentlich ist die Schaffung rechtlicher Rahmenbedingungen für diese Modernisierungen und die Adaption innovativer Ideen.

## 5.1 Fazit

Die in der Arbeit aufgestellten Thesen konnten bestätigt werden. Es ist ein Ziel der Entwicklung nichtärztlicher Gesundheitsberufe, eine hohe Versorgungsqualität der Bevölkerung zu gewährleisten. (vgl. Kapitel 3.2.1)

Als weitere These wurde bestätigt, dass die Entwicklung der näGb geeignet ist, dem Fachkräftemangel zu begegnen, da Arbeitskapazitäten durch Aufgabenteilung und Delegation freigesetzt werden. (vgl. Kapitel 3.2.2)

Die dritte und vierte These konnte bestätigt werden, insofern die Nutzung alternativer Versorgungsformen wie das Medizinische Versorgungszentrum die Versorgung der Bevölkerung insbesondere in ländlichen Gegenden verbessert (vgl. Kapitel 4.1.4). Gleichzeitig ist die Einführung der MVZ, in denen sowohl ärztliche als auch nichtärztliche Gesundheitsberufe zum Einsatz kommen, ein entscheidender Schritt zum Schnittstellenabbau zwischen der stationären und der ambulanten Versorgung mit günstigen ökonomischen Prognosen.

Alternative Versorgungskonzepte bieten innovative Integrationsmöglichkeiten für nichtärztliche Berufsgruppen (vgl. Kapitel 4.1 ff.). Diese These konnte durch die Beschreibung der Versorgungskonzepte bestätigt werden. Diese Neuerungen, so ausbaufähig und anpassungsbedürftig sie zurzeit sind, werden als Schritte in die richtige Richtung gewertet.

Das Augenmerk ist auf die bevorstehenden Aufgaben gerichtet. Allerdings ist nicht abzusehen, wie schnell die Entwicklung und Umsetzung der neuen Versorgungskonzepte vorangetrieben werden kann. Während der Akademisierungsprozess in den letzten Jahren vorangeschritten ist – die Hochschule Fresenius ist hier mit ihren Ausbildungsprogrammen für Gesundheitsberufe wegweisend –, fehlen noch weitgehend rechtliche Grundlagen. Weitere Schwierigkeiten stellen die historisch begründeten Genehmigungsabläufe auf der Mesoebene dar. Veraltete und verkrustete Strukturen sind Hürden bei der Einführung von Neuerungen und Modernisierungen auf der Mikroebene. Diese Strukturen gilt es im Laufe der Zeit den zukünftigen Bedingungen anzupassen, um flexibler und effektiver handeln zu können. Es ist erwiesen, dass das Bottom-up-Prinzip bei der Einführung von Entwicklungen und Neuerungen effektiver ist, als das Top-down-Prinzip, da auf der Mikroebene die Prozesse modifiziert werden, welche im Rahmen der innovativen Anpassung umgesetzt werden müssen.

## 5.2 Ausblick

Die Zielstellung für den Gesundheits- und Pflegesektor ist klar gefasst: Angesichts der Knappheit der Ressourcen und der in den nächsten Jahren anwachsenden Fallzahlen ist die Grundlagenversorgung der Bevölkerung in Gesundheit und Pflege zu bewältigen. Die anstehenden Aufgaben im Gesundheits- und Pflegebereich müssen mit Hilfe des Change Managements umgesetzt werden. Die Veränderung von alten, übernommenen Strukturen sowie die Auflösung von nicht mehr notwendigen Hierarchien, gerade im Krankenhaussektor, ist bei innovativer Weiterentwicklung Voraussetzung.

Fachkräftemangel, medizinische Unterversorgung und steigende Qualitätsvorgaben erfordern den effektiven und effizienten Einsatz von vorhandenen Ressourcen. Neue Versorgungsmodelle können ein Lösungsansatz sein: Der Einsatz von nichtärztlichen Gesundheitsberufen zur Teilung und sinnvollen Delegation von zurzeit ärztlichen Aufgaben kann sowohl Kapazitäten freisetzen und dem Fachkräftemangel entgegenwirken als auch einen Beitrag zur patientenorientierteren Versorgung leisten.

Medizinische Versorgungszentren bieten Einsatzmöglichkeiten für nichtärztliche Gesundheitsberufe und die Zusammenführung von medizinischen Kompetenzen unter einem Dach. Damit tragen sie zu einem Abbau kostenungünstiger Schnittstellen zwischen stationärer und ambulanter Versorgung bei.

Flankierend sollte die Präventionsmedizin durchgesetzt werden, um im Vorfeld durch die Senkung von Fallzahlen bereits eine ökonomische Entlastung im Gesundheits- und Pflegebereich zu erzielen.

# V Literaturverzeichnis

Amelung & Cornelius 2009. Wie beeinflussen Medizinische Versorgungszentren den Wettbewerb im Gesundheitswesen? *Public Health Forum* 17(3), 1–23.

Becker 2008. Neue Aufgabenverteilung der Gesundheitsberufe. *ergoscience* 3(03), 125–126.

Braun 2012. Marketingkonzepte sind Mehrwertkonzepte: Wie sich Kliniken, Ärzte, Medizinische Versorgungszentren und Gesundheitsnetzwerke optimal positionieren 2012 (Jahrbuch Healthcare Marketing 2012), 85–89.

Bundesministerium des Innern 2011. *Demografiebericht: Bericht der Bundesregierung zur demografischen Lage und künftigen Entwicklung des Landes.* 2.000. Aufl. Niestetal: Siber Druck oHG.

Bundesministerium für Bildung und Forschung 2000. *Zukunftsreport demographischer Wandel: Innovationsfähigkeit in einer alternden Gesellschaft.* Bonn: bmb+f, Bundesministerium für Bildung und Forschung.

De Gruyter (Hg.) 2013. *Pschyrembel Klinisches Wörterbuch.* 265. Auflage. Berlin/Bosten: Walter de Gruyter.

Deutsche Industrie und Handelskammer (IHK) 2011. Gesundheitswirtschaft und demografischer Wandel. URL: http://www.frankfurt-main.ihk.de/imperia/md/content/pdf/standortpolitik/konjunkturundstatistik/Gesundheitsstudie_klein.pdf] [Stand 2014-02-09].

Deutscher Berufsverband für Pflegeberufe e.V. - Bundesverband (Hg.) 2013. *Pflegerische Expertise für eine leistungsfähige Gesundheitsversorgung.* 3., überarbeitete Auflage mit sieben Szenarien. Berlin.

Dinkel, Reiner H.; Meinl, E.: Die Komponenten der Bevölkerungsentwicklung in der Bundesrepublik Deutschland und der DDR zwischen 1950 und 1987. In: Zeitschrift für Bevölkerungswissenschaft 17, Heft 2, 1991, S.115-134.

Ewers 1996. *Case management: anglo-amerikanische Konzepte und ihre Anwendbarkeit im Rahmen der bundesdeutschen Krankenversorgung*. URL: http://www.econstor.eu/handle/10419/47422 [Stand 2014-03-09].

Genge, Thissen & Schulz 2013. Pflegeexperten in der Psychiatrie. *Psych Pflege 2013; 19:247-253*, 247–253.

Gleich 2012. Balanced Scorecard - ein Werkzeug zur Umsetzung von Strategien. 1. Auflage. Freiburg: C.H. Beck.

Greulich & Ihle 2012. Balanced Scorecard. *Management Handbuch Krankenhaus* (127. Aktualisierung), Heidelberg: Medhochzwei Verlag.

Höppner & Kuhlmey 2009. Gesundheitsberufe im Wandel: Relation von ärztlichen und nichtärztlichen Berufsgruppen. *GGW* (Heft 2), 7–14.

Kersting & Hilsenbeck 2006. Prozessmanagement: Ist-Stand erheben, Abläufe verbessern, Schnittstellen optimieren. 1–33.

Klie & Monzer 2008. Case Management in der Pflege: Die Aufgaben personen- und familienbezogener Unterstützung bei Pflegebedürftigkeit und ihre Realisierung in der Reform der Pflegeversicherung. *Zeitschrift für Gerontologie und Geriatrie* April 2008, 92–105.

Kluth 2010. Verlangt der demografische Wandel eine neue Zuordnung der ärztlichen und sonstigen Gesundheitsdienstleistungen? – Eine Problemskizze. *MedR* 28(6), 372–378.

Knieps & Amelung 2010. Medizinische Versorgungszentren: eine Innovative und attraktive Antwort auf die Herausforderungen an die ambulante Versorgung 2010. *Gesundheits- und Sozialpolitik*. 2010(5), 17–21 [Stand 2014-03-15].

Kuhlmann 2004. Neue Versorgungsmöglichkeiten für Krankenhäuser durch das GMG. *Das Krankenhaus* 2004 (1/2004), 13–18 [Stand 2014-03-15].

Löcherbach 2013. *Einsatz der Methode Case Management in Deutschland: Übersicht zur Praxis im Sozial- und Gesundheitswesen.* Augsburg.

Pütz et al. 2010. Konzeption eines generischen Geschäftsprozessmodells für Medizinische Versorgungszentren 2010. *MKWI 2010 – Enterpriese Architecture Management*, 143–154.

Robert Bosch Stiftung (RBS) (Hg.) 2013. *Gesundheitsberufe neu denken, Gesundheitsberufe neu regeln: Grundsätze und Perspektiven - Eine Denkschrift der Robert Bosch Stiftung.* Stuttgart. URL: http://www.bosch-stiftung.de/content/language1/downloads/2013_Gesundheitsberufe_Online_Einzelseiten.pdf [Stand 2014-02-09].

Robert Koch-Institut / Statistisches Bundesamt (RKI/StBA) (Hg.) 2005. *Altersdemenz: Gesundheitsberichterstattung des Bundes.*

Robert Koch-Institut (RKI) (Hg.) 2009. *Gesundheitsberichterstattung des Bundes: Gesundheit und Krankheit im Alter:* Eine gemeinsame Veröffentlichung des Statistischen Bundesamtes, des Deutschen Zentrum für Altersfragen und des Robert Koch-Institutes.

Rothenburg 2005. *gms | GMS Zeitschrift für Medizinische Ausbildung | Beiträge der Disziplin „Recht" zur Professionalisierung nichtärztlicher Heilberufe.* Emden. URL: http://www.egms.de/static/en/journals/zma/2005-22/zma000006.shtml [Stand 2014-02-09].

Rudolph u. a. 2013. Medizinisches Versorgungszentrum - geeignetes Instrument der ambulanten patientenadäquaten Versorgung und leistungsgerechten Vergütung. *Zentralbl Chir* 138(01), 45–52.

Schilling & Kollmar 2006. Management im OP als Teil eines übergreifenden Prozessmanagements. *Viszeralchirurgie* 41(2), 85–88.

Schmidt 2012. *Dem Fachkräftemangel entgegenwirken – Akademisierung der Gesundheitsberufe | Christian Haardt.* URL: http://haardt.nrw2012.info/2012/05/01/dem-fachkraftemangel-entgegenwirken-akademisierung-der-gesundheitsberufe/ [Stand 2014-02-24].

Schumpelick & Vogel (Hg.) 2005. *Alter als Last und Chance: Demographischer Wandel in Deutschland.* Freiburg: Herder Verlag.

Siegel & Dreyer 2009. Versorgungssituation von Patienten mit Diabetes mellitus an deutschen Krankenhäusern: Strategien eines adäquaten Struktur- und Prozessmanagements. *Klinikarzt*, 486–491.

Statistische Ämter des Bundes und der Länder (Hg.) 2010. *Demografischer Wandel in Deutschland: Auswirkungen auf Krankenhausbehandlungen und Pflegebedürftige im Bund und in Ländern.* Wiesbaden, Heft 2.

Statistisches Bundesamt (Destatis) 2009. *Bevölkerung Deutschlands bis 2060 - Begleitheft zur Pressekonferenz am 18. November 2009:12. koordinierte Bevölkerungsvorausberechnung.* Wiesbaden.

Statistisches Bundesamt (Destatis) 2012. Gesundheit im Alter. auf dem Weg zur Seniorengesellschaft. Wiesbaden.

Thielscher (Hg.) 2012. *Medizinökonomie: Case Management.* Wiesbaden: Springer/Gabler. (Medizinökonomie, Bd. 1).

Van den Berg u. a. 2010. Überführung des AGnES-Konzeptes in die Regelversorgung: Juristische Bewertung, Vergütung, Qualifizierung. *Gesundheitswesen* 72(05), 285–292.

Vera 2004. Neue Organisationsstrukturen in deutschen Krankenhäusern nach der DRG-Einführung, *Gesundheitsökonomie & Qualitätsmanagement*, 9. Jg. (2004), Nr. 1, 25–31.

Vera & Kuntz 2007. Prozessorientierte Organisation und Effizienz im Krankenhaus. *ZfB*, H.3/2007, 173–197.

Walkenhorst 2013. Zukunft der therapeutischen gesundheitsberufe im Spannungsfeld von beruflicher Ausbildung und akademischer Qualifizierung 2013, 1–10. Online im Internet: URL: http://www.bwpat.de/ht2013/ft10/walkenhorst_ft10-ht2013.pdf [Stand 2014-02-22].

Wienke & Becker 2007. Die Kernaussagen zur Zusammenarbeit von ärztlichen und nicht ärztlichen Gesundheitsberufen: Mitteilung zum Gutachten des Sachverständigenrates zur Kooperation und Verantwortung im Gesundheitswesen 2007: GMS Mitteilung aus der AWMF 2007; 4:Doc21 2007 (4:Doc21), 1–4.

Wienke & Janke 2007. *gms | GMS Mitteilungen aus der AWMF | Zum Gutachten des Sachverständigenrats zur Kooperation und Verantwortung im* Gesundheitswesen *2007*. URL: http://www.egms.de/static/en/journals/awmf/2007-4/awmf000130.shtml [Stand 2014-02-09].

# VI Anhang

Auswahl von Case-Management-Institutionen in Deutschland (Löcherbach 2013:9–10)

| Name | Inhalt | Internet |
|---|---|---|
| Projekt- und Sozialmanagement, Pflege- und Wohnberatung, Ahlen | CM-Pflege-Wohnberatung | www.kaa-ahlen.de |
| Home-Care Nürnberg | CM-Praxisnetz Interdisziplinär | www.homecare-nuernberg.de |
| Bunter Kreis, Augsburg<br>beta Institut, Augsburg | CM-Pädiatrie<br>CM-Frauen mit Brustkrebs<br>CM in Apotheken<br>CM Forschungsprojekte | www.bunter-kreis.de<br>www.beta-institut.de |
| NRW-Sozialagenturen | CM und Sozialhilfe | www.sozialagenturen.nrw.de |
| Modellprojekt der Bundesarbeitsgemeinschaft Rehabilitation, Frankfurt | CM zur Erhaltung von Ausbildungs- und Beschäftigungsverhältnissen behinderter Menschen | www.bar-frankfurt.de/arbeit/arbeit2.htm |
| Modellprojekte im Bereich Sucht Drogen, FOGS, Köln | CM aufsuchende Arbeit, Heroinstudie | www.fogs-gmbh.de/arbeitsfelder/sucht.html |
| Gerontopsychiatrischer Verbund Schwaben | CM Gerontopsychiatrie | www.social-invest-consult.de/Projekte/Verbund/verbund.html |
| Case Management in verschiedenen nationalen Altenhilfesystemen | CM Altenhilfe | www.isg-institut.de/3Casemanagement.html |
| Modellprojekte „Unterstützer Ruhestand", Münster | CM mit Menschen mit Behinderung im Übergang zum Ruhestand | www.lv-nrw-km.de/ur.htm |
| Case-Management im Modellversuch NEW, KWB-Hamburg | Projekt zur Förderung Jugendlicher mit schlechten Startchancen auf dem Ausbildungs- und Arbeitsmarkt | www.kwb.de/projekte/casemanagement.htm |
| Koordinierungsstellen für soziale Rehabilitation älterer Menschen Berlin (12 Stellen) | CM Altenhilfe | www.rund-ums-alter.org |
| LVA Hannover | CM Auskunfts- und Beratungsstelle Leer | www.lva.de |
| F.U.N.K - Projekte | Begleitung von Familien mit behinderten Kindern | www.kind-und-familie.de |
| Reha/Case Mana- | CM in Fachklinik | www.fachklinik-enzensberg.de |

| Name | Inhalt | Internet |
|---|---|---|
| gement an der Fachklinik Enzensberg | | |
| Aidshilfe München | CM in der Aids-Arbeit | www.muenchner-aidshilfe.de/psc/psc_case_management.html |
| Case Management zur Erhaltung von Arbeitsplätzen vom Arbeitsamt Wiesbaden | CM im Rehabilitationsbereich | www.arbeitsamt.de/wiesbaden/dienstleistungen/reha/sbcaseman.html |
| Modellprojekt, EFH-Berlin | Case Management bei armen und wohnungslosen Frauen | www.evfh-berlin.de/evfh-berlin/html/fk/fe-casemanagement/fe-casemanagement.asp |
| Hilfeloste online | Informationssystem für den sozialen und gesundheitlichen Bereich | www.hilfelotse.de |